곤충 관찰 백과

검정파리

곤충 관찰 백과

바이킹 어린이 과학 시리즈

INSECTS FOR KIDS
작아서 귀엽기만 하지 않아!
알고 보면 놀라운 곤충 이야기

샤먼 존스턴 박사 지음 | 이은경 옮김

바이킹

Insects for Kids by Sharman Johnston
Copyright © 2020 by Rockridge Press, Emeryville, California
Illustrations © 2020 Kate Francis
First published in English by Rockridge Press, an imprint of Callisto Media, Inc.

Korean Translation Copyright © 2023 BONUS Publishing Co.
Korean edition is published by arrangement with Callisto Media, Inc.
through Corea Literary Agency(CLA), Seoul

이 책의 한국어판 저작권은 Corea 에이전시를 통한 Callisto Media, Inc.와의 독점 계약으로 보누스출판사에 있습니다.
저작권법에 의하여 보호를 받는 저작물이므로 무단전재와 무단복제를 금합니다.

차례

반가워요, 어린이 과학자 여러분! 7

1장 놀라운 곤충들 9

고대의 곤충　11
곤충 분류법 알아보기　14
머리부터 발끝까지　16
놀라운 날개　18
곤충의 한살이　22

곤충의 번식　26
곤충의 소통 방식　28
곤충과 환경　30
이로운 곤충들　34

2장 곤충들을 더 가까이 39

딱정벌레목: 튼튼한 방패를 가진 곤충　40
폭탄먼지벌레　42
물맴이　43
레기우스골리앗왕꽃무지　44
무지개소똥구리　45

파리목: 뛰어난 생존 본능을 가진 곤충　54
검정파리　57
흰줄숲모기　58
자루눈파리　59
줄무늬말파리　60

나비목: 크고 화려한 날개를 가진 곤충　46
크로우나비　50
꼬리박각시　51
루나나방　52
제왕나비　53

벌목: 침을 쏘는 곤충　61
송곳벌　63
꿀벌　64
애검은나나니벌　65
타란툴라호크말벌　66

노린재목: 육지와 물속을 점령한 곤충 67
  17년 주기 매미 69
  목화광대노린재 70
  참나무뿔매미 71
  소금쟁이 72

메뚜기목: 울고, 뛰고, 날아다니는 곤충 74
  집 귀뚜라미 76
  라이히하르트메뚜기 77

긴둥근꼴날개베짱이 78
긴꼬리귀뚜라미 79

풀잠자리목: 그물처럼 생긴 날개를 가진 곤충 80
  개미귀신 82
  어리줄풀잠자리 83
  마카로니어스뿔잠자리 84
  말벌사마귀붙이 85

더 알아보기 87   용어 풀이 89   찾아보기 92

제왕나비

반가워요,
어린이 과학자 여러분!

여러분은 우리 주변에 있는 곤충에 관해 더 알고 싶었던 적이 있나요? 반딧불이가 왜 반짝이는 빛을 내는지 소금쟁이는 어떻게 물 위를 자유자재로 걸어 다니는지 궁금하지 않나요? 발 냄새를 좋아하는 곤충과 자기 몸무게의 850배나 되는 무게를 들어 올릴 수 있는 곤충의 정체는 무엇일까요? 이 모든 게 궁금하다면 여러분이 바로 어린이 과학자예요!

　이제 여러분은 귀뚤귀뚤 울고, 윙윙거리며 날아다니고, 재빠르게 기어가는 곤충의 세계를 저와 함께 탐험할 거예요. 곤충들은 지구에서 가장 큰 동물 집단을 이루고 있어요. 그리고 상상을 초월하는 생김새와 다양한 색을 가지고 있죠. 이제 여러분은 곤충들의 신기한 생활 모습과 생태 정보를 자세히 알게 될 거예요. 지구 생태계를 지탱하는 멋진 곤충 친구들을 만나 봐요!

　혹시 곤충을 직접 채집하고 싶나요? 곤충을 채집할 때 무엇을 준비해야 하고, 주의해야 하는지도 알려 줄게요. 곤충 일지와 나만의 자연 정원을 만드는 활동도 할 수 있어요.

　자, 그럼 탐험을 시작합시다!

샤먼 존스턴 박사

레기우스골리앗왕꽃무지

1장
놀라운 곤충들

우리가 어디에 있든 우리는 주변에서 수많은 곤충을 만날 수 있어요. 곤충들은 여러분 발아래의 땅을 기고 있거나 분주하게 날아다니고, 심지어 여러분이 사는 집 안에도 살고 있어요. 곤충을 관찰하고 연구하는 과학자를 곤충 학자라고 불러요. 곤충은 지구상에 존재하는 동물의 약 3분의 2를 차지할 만큼 다양성이 풍부한 생물 집단이에요. 곤충 학자들은 지구에 약 100만여 종의 곤충이 있다고 추측해요.

여러분이 개미탑을 발견했다면, 주위를 허둥지둥 돌아다니는 개미의 수를 세 보세요. 정말 어려운 일이라고 느낄 거예요. 곤충 학자는 지구에 사는 모든 곤충의 수를 파악하기 위해 노력해요. 하지만 곤충의 수를 정확히 헤아리기 어려워요. 여러 이유가 있어요.

- 곤충은 사막 계곡에서부터 열대 우림의 맨 꼭대기 숲우듬지에 이르기까지 모든 지상과 땅에 서식해요. 심지어 얼어붙을 정도로 추운 남극 대륙에 사는 종도 있어요.
- 곤충은 매우 빠르게 번식하고 새끼를 낳아요. 집파리는 21일 동안 대략 500개의 알을 낳아요. 부화한 새끼 파리는 며칠 안에 자신의 알을 낳기 시작해요.
- 어떤 곤충은 정말 작아서 발견하기 어려워요. 지금까지 알려진 곤충 중 가장 작은 종은 북미 지역에 사는 나노셀라 균류(Nanosella fungi)라는 풍뎅이예요. 이 곤충은 문장 끝에 찍는 마침표보다 작아요. 2015년, 곤충 학자들은 신도셀라 무사와센시스(Scydosella musawasensis)라는 새로운 딱정벌레를 발견했어요. 신도셀라 무사와센시스는 세계에서 두 번째로 작은 곤충이며, 딱정벌레 중 가장 작아요. 이 곤충은 현미경으로만 볼 수 있답니다.

곤충 학자는 세계를 누비며 지구에 얼마나 많은 곤충이 살고 있는지 알아보기 위해 노력해요. 숲 등 여러 서식지 속 작은 구역을 연구하고, 그곳에 살고 있는 곤충에 대해 조사하죠. 아마존 열대 우림을 연구한 곤충 학자는 놀라운 발견을 했어요. 한 나무에 무려 700종이 넘는 딱정벌레가 살고 있었거든요. 지금도 아마존 열대 우림과 아프리카 사바나 같은 생태계를 이해하기 위해 다양한 연구를 진행해요. 곤충 학자들은 인간이 속해 있는 포유류는 지구상에 약 5,500종이 있다고 추측한답니다.

고대의 곤충

윙윙거리며 날아다니는 파리가 신경 쓰인다면, 그것이 까마귀만 한 크기가 아닌 것에 다행이라고 생각하세요! 고대의 곤충들은 정말 거대했거든요! 화석으로 발견된 고생대 잠자리 메가네우라(Meganeura)는 날개를 폈을 때 길이가 70센티미터 이상이었다고 해요. 거의 조류와 맞먹는 크기였죠.

곤충은 공룡이 지구에 나타나기 훨씬 전인 4억 년 전에 처음 나타났어요. 이때 대부분의 식물과 동물은 바다에서 살았어요. 식물이 육지에서 자라기 시작하자, 일부 **갑각류**는 바다를 떠나기로 결정했어요. 그렇게 최초의 곤충이 된 거예요.

초기 곤충은 날개가 없었어요. 날개를 가진 곤충이 나타나기까지는 1억 년이 더 걸렸어요. 곤충 학자들은 곤충이 어떻게 날개를 갖게 되었는지 확실하게 알지 못해요. 하지만 날개가 생기면서 곤충의 수가 빠르게 증가했다는 점에 대해서는 동의해요. 곤충은 날아다니면서 새로운 서식지를 탐험하고, 천적을 피해 높은 곳에 집을 지을 수 있어요. 그리고 새로운 먹이를 빠르게 찾을 수 있죠.

고대 곤충은 현존하는 곤충보다 훨씬 거대했어요. 바퀴벌레도 정말 컸다고 해요. 지금은 이러한 거대 곤충들이 없으니 정말 다행이죠? 사실 새는 고마운 동물이에요. 곤충이 많이 나타나면서 날아다니는 파충류들도 새롭게 등장했어요. 그리고 이러한 생물들이 새가 되었죠. 새는 거대한 곤충을 사냥하기 시작했고, 곤충은 살아남을 방법을 찾아야 했어요. 그래서 서서히 진화하거나 작은 형태로 변하게 된 거예요.

알고 있나요?

화석을 연구하는 과학자를 고생물학자라고 해요. 2011년, 고생물학자들은 미국 와이오밍주에서 5천만 년 전 것으로 추정되는 개미 화석을 발견했어요. 화석에 나타난 개미의 몸길이는 5센티미터 정도였다고 해요.

곤충을 채집해 볼까요?

곤충을 연구하는 가장 좋은 방법 중 하나는 곤충을 채집하는 거예요. 곤충을 채집할 때 주의 사항 몇 가지를 알려 줄게요. 곤충 연구가 끝나면 잡은 곤충은 꼭 놓아주어야 한다는 점을 명심하세요!

1. 알맞은 복장 갖추기
되도록 소매가 긴 셔츠와 긴 바지를 입고 양말과 신발을 신으세요. 혹시라도 침에 쏘이거나 물리지 않도록 자신을 보호하세요. 돋보기가 있으면 챙기도록 해요.

2. 채집 도구 활용하기
집에 있는 물건들을 사용해 조심스럽게 곤충을 채집하세요.

깨끗한 플라스틱 용기나 유리 용기
플라스틱 용기는 채집 도구로 재활용하기 좋아요. 유리병이 있다면 물을 채워 돋보기를 만들 수도 있어요. 물을 채운 병을 곤충 위에 들고 곤충을 자세히 관찰해 봐요.

두꺼운 종이나 종이 카드
두꺼운 종이를 구부려 작은 곤충을 퍼내는 데 사용하세요.

체 또는 소쿠리
체 또는 소쿠리를 사용해 연못, 호수, 하천의 물 가장자리에서 곤충을 채집하세요.

원예 도구
호미를 사용해 나뭇잎 더미 아래를 살펴보거나 모종삽으로 흙 아래에 무엇이 살고 있는지 확인하세요.

낡은 우산

우산을 펴서 나무나 덤불 아래에 거꾸로 뒤집어 놓으세요. 나뭇가지를 흔들어 우산 속에 떨어진 곤충을 확인하세요.

3. 어디를 찾아야 할지 파악하기

베란다, 마당, 차고, 창틀 안쪽에서 죽은 곤충을 찾아보세요. 살아 있는 곤충을 찾으려면 꽃, 나무, 바위 아래, 보도 틈새, 야간 실외등 주변을 둘러보세요. 일단 주의를 기울여 찾기 시작하면, 어디에서든 곤충을 만날 수 있을 거예요!

곤충 분류법 알아보기

식물과 동물은 **분류법**에 따라 분류하고 이름을 붙여요. 분류법을 일종의 사다리라고 생각하면 쉽게 이해가 될 거예요. 사다리의 맨 위는 지구의 모든 생명체를 포함해요. 한 칸씩 내려갈 때마다 우리는 생물에 대해 더 많은 정보를 얻을 수 있어요.

지구상의 모든 생물은 분류법의 여덟 단계를 이용해 설명할 수 있어요. 역, 계, 문, 강, 목, 과, 속 그리고 마지막으로 종이에요. 15쪽에 있는 도표는 **칠성무당벌레**(*Coccinella septempunctata*)의 분류 체계를 보여 줘요.

머리부터
발끝까지

곤충은 뼈 대신 외골격을 가진 무척추동물이에요. 그리고 주변 온도에 의해 체온이 변하는 변온 동물이죠. 대부분의 곤충은 알에서 부화해요. 이러한 특징은 거미와 전갈을 포함한 거미류와 게, 새우 등의 갑각류도 해당돼요. 그렇다면 곤충인지 아닌지 어떻게 구별할 수 있을까요?

- 모든 곤충은 머리, 가슴, 배의 세 가지 신체 부위가 있어요. 곤충의 외골격은 **키틴질**로 이루어져 있죠. 이 물질은 여러분의 손톱을 형성하는 성분과 매우 비슷해요.

  → 곤충의 머리에는 더듬이와 입이 있어요.
  → 다리와 날개는 가슴과 연결되어 있어요.
  → 배에는 장기 대부분이 포함되어 있어요. 곤충도 사람과 마찬가지로 혈액이 있어요. 하지만 혈관이 없어서 혈액은 몸속에서 흐르죠. 곤충의 혈액은 림프액과 섞여 있기 때문에 '혈림프'라고 해요. 혈림프 속 여러 가지 혈색소에 따라 곤충의 피는 무색, 초록색, 노란색 등으로 나타나요. 또한 곤충은 폐 대신 '기공'이라고 하는 배에 있는 구멍을 통해 숨을 쉬어요.

- 모든 곤충은 두 개의 **더듬이**를 가지고 있고 모양은 곤충마다 다양해요. 곤충의 더듬이는 촉각, 후각, 청각, 미각 등 감각 기관의 역할을 해요.

- 곤충은 다리가 6개예요. 모기와 바퀴벌레는 다리털을 사용해 맛을 봐요. 나비와 집파리는 발로 맛을 느껴요.

- 곤충의 눈은 **겹눈**이에요. 겹눈이란 각각의 눈이 수천 개의 작은 렌즈로 이루어져 있는 거예요. 덕분에 곤충은 굉장한 시력을 가지고 있어요. 각각의 눈이 다른 시각으로 사방을 볼 수 있기 때문이죠. 반면 사람의 눈은 **홑눈**이에요. 각각 하나의 렌즈만 가지고 있어서 한 번에 하나의 이미지만을 볼 수 있어요. 날아다니는 곤충은 보통 겹눈 뒤에 세 개의 홑눈을 더 가지고 있어요.

- 많은 곤충은 두 쌍의 날개가 있어요.

- 곤충은 **주둥이**를 사용하거나 강력한 **큰턱**을 사용해 먹이를 섭취해요. 꿀벌은 주둥이와 큰턱을 모두 가지고 있답니다!

- 어떤 종은 다른 곤충에게는 없는 신체 부위를 가지고 있기도 해요. 꿀벌의 경우 꽃가루 빗, 꽃가루 바구니, 침을 가지고 있어요.

→ 꿀벌의 뒷다리에는 딱딱한 털이 줄지어 빗 모양을 이루고 있어요. 이것을 꽃가루 빗이라고 불러요. 꿀벌은 뒷다리를 비벼 꽃가루를 모아요.

→ 벌들은 모은 꽃가루를 뒷다리에 매달아요. 다리에 붙인 꽃가루를 꽃가루 바구니라고 해요.

→ 암컷 벌은 배에 침을 가지고 있어요.

알고 있나요?

잠자리는 곤충 중에서도 가장 눈이 크기로 유명해요. 잠자리는 3개의 홑눈과 2개의 겹눈을 가지고 있어요. 겹눈에 있는 낱눈은 3만 개 정도예요. 양쪽 눈을 다 합하면 총 6만 개 이상의 눈을 가진 거예요!

놀라운 날개

곤충의 가장 큰 특징이라고 하면 **날개**를 떠올리게 돼요. 작고 약한 곤충에게 있어 날개는 생존을 위한 중요한 무기예요. 대부분의 곤충이 날개를 가지고 있지만 날개가 없는 곤충도 있어요. 날 수 있다는 것은 위험에서 쉽게 벗어날 수 있고, 새로운 서식지로 이동하거나 짝을 찾는 일이 더 수월하다는 것을 의미해요.

곤충의 날개는 새나 박쥐의 날개와는 달라요. 파리를 제외한 모든 곤충은 두 쌍의 날개를 가지고 있어요. 곤충의 날개는 외골격을 구성하는 물질인 키틴질로 만들어져요. 어떤 종의 날개는 깃털이나 피부 대신 비늘로 덮여 있기도 해요. 날개의 크기, 모양, 개수 등은 곤충의 종류에 따라 달라요.

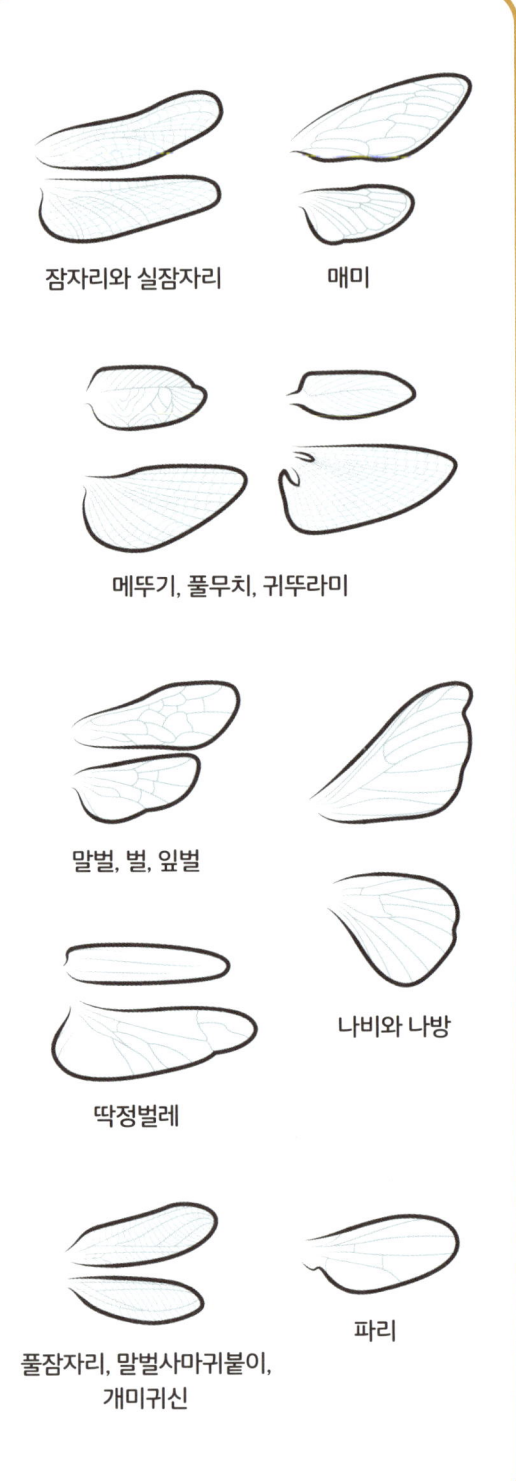

잠자리와 실잠자리 / 매미

메뚜기, 풀무치, 귀뚜라미

말벌, 벌, 잎벌

나비와 나방

딱정벌레

풀잠자리, 말벌사마귀붙이, 개미귀신

파리

곤충은 최초로 날기 시작한 생물이며 전문 비행사예요. 특히 파리는 최고의 비행 실력을 가졌어요. 여러분이 파리를 잡으려고 하면, 파리는 눈 깜짝할 사이에 날아올라 공중에서 회전하거나 헬리콥터처럼 맴돌 거예요. 파리목은 날개가 한 쌍이지만 비행술만큼은 정말 뛰어나요. 곤충 학자는 곤충이 어떻게 공중에서 곡예비행을 할 수 있는지 궁금했어요.

2017년, 곤충 학자들은 고속 카메라를 사용해 비행 중인 모기를 촬영했어요. 놀랍게도 모기는 1초에 800번이나 날갯짓을 했어요! 반면에 벌새는 1초에 60번 날갯짓을 했고, 참새는 1초에 15번의 날갯짓을 했죠. 새는 날개를 위아래로 움직이지만, 곤충은 위아래와 앞뒤 모든 방향으로 날개를 움직여요. 그래서 공중에서 급히 방향을 틀거나 회전할 수 있어요.

알고 있나요?
2014년, 곤충 학자들은 벌이 8,800미터 높이 이상에서도 날 수 있다는 사실을 발견했어요.

곤충 일지를 만들어 봐요

여러분만의 곤충 일지를 만드는 방법을 알려 줄게요. 우선 수첩이나 공책을 준비하세요. 어떤 것이든 상관없어요! 그리고 언제든 빠르게 기록할 수 있도록 펜이나 연필을 함께 보관하세요. 곤충을 그린 그림이나 곤충을 찍은 사진을 붙여 장식해도 좋아요. 곤충의 속명과 학명을 조사해 기록하고, 발견한 장소와 근처에 있던 식물도 적으세요.

곤충의 생김새와 행동은 자세히 적어 두는 게 좋아요. 스스로에게 다음과 같은 질문을 해 보세요. 곤충의 몸 색깔은 무슨 색인가요? 날개의 색과 무늬는 어떠한가요? 곤충은 어떤 소리를 내고 있나요? 윙윙거리거나 귀뚤귀뚤 우나요? 아니면 다른 소리를 내나요? 공중에서 비행 실력을 뽐내고 있나요? 아니면 살금살금 땅을 기고 있나요?

여러분이 식물의 잎에 붙어 있는 곤충을 발견했다면, 잎 한 조각을 떼어 곤충 일지에 보관하세요! 다음 단계에 따라 식물 표본을 만들어 봐요.

1. 식물의 잎이나 꽃잎을 몇 개만 떼어 내세요.

2. 먼지나 오물을 조심스럽게 닦아 내세요.

3. 식물을 기름종이 두 장이나 커피 여과지 두 장 사이에 넣어요.

4. 두껍고 무거운 책 사이에 식물을 넣고, 그 위에 책을 몇 권 더 쌓아 올리세요.

5. 일주일 후 건조된 식물을 꺼내세요. 두 장의 파라핀지 사이에 식물을 넣으세요.

6. 얇은 천으로 파라핀지를 덮은 후, 부모님이나 어른에게 부탁해 낮은 온도에 맞춰 파라핀지를 다림질하세요.

7. 파라핀지가 식으면 식물이 있는 부분을 제외하고 남는 부분을 잘라 내세요. 완성된 표본을 여러분의 일지에 넣어 두세요.

   지구상에 있는 약 80퍼센트의 곤충들은 아직 생태 정보가 밝혀지지 않았어요. 이러한 활동을 통해 여러분이 새로운 곤충을 발견할지도 몰라요!

곤충의 한살이

곤충은 알에서 어른벌레가 될 때까지 여러 단계를 거쳐야 해요. 환경 변화에 따라 적응하기 위해 자유자재로 껍질을 벗고 모양을 바꿔요. 이러한 과정을 **탈바꿈**(변태)이라고 해요.

곤충의 탈바꿈은 완전 탈바꿈과 불완전 탈바꿈으로 나누어져요. 완전 탈바꿈은 알, 애벌레(유충), 번데기, 어른벌레(성충) 네 단계의 변화를 거쳐요. 나비, 나방, 파리, 개미, 벌, 딱정벌레 등을 포함한 대부분의 곤충이 완전 탈바꿈을 하죠. 불완전 탈바꿈은 알, 약충, 어른벌레 세 단계의 변화를 거쳐요. 불완전 탈바꿈을 하는 곤충의 애벌레는 약충으로 구분하여 불러요. 약충이 어른벌레로 성장해도 생김새는 크게 변하지 않아요. 불완전 탈바꿈을 하는 곤충에는 잠자리, 바퀴벌레, 메뚜기, 흰개미 등이 있어요.

완전 탈바꿈: 모기

모기의 한살이는 물 위에 떠 있는 한 무리의 알로 시작돼요. 알은 장구벌레라고 불리는 애벌레로 부화해요. 장구벌레는 물속에서 살지만 공기를 마시기 위해 수면으로 올라와요. 시간이 지나면, 장구벌레는 번데기 과정을 거쳐요. 이때도 물속에서 생활하며 공기를 마시기 위해 수면 위로 떠다니죠. 며칠이 더 지나면 번데기에서 모기가 돼요. 모기는 날개가 마르고 단단해질 때까지 수면에서 휴식을 취해요. 그런 다음 날아가서 짝을 찾을 준비를 한답니다.

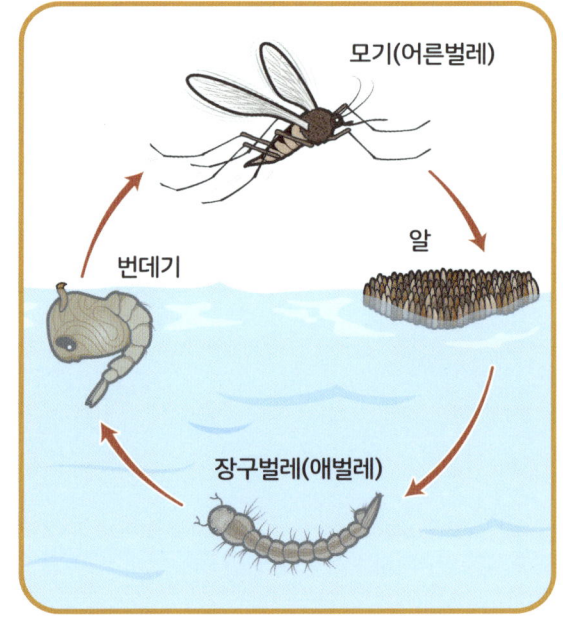

불완전 탈바꿈: 잠자리

잠자리는 풀, 잎, 썩어 가는 나무 또는 물 가까이에 있는 다른 식물에 알을 낳아요. 알은 수채라고 불리는 약충으로 부화하죠. 처음에는 몸집이 작고 약하지만 탈피를 하면서 점점 커지고 힘이 세져요. 때가 되면 물 밖으로 나와 우화를 해요. 우화는 밤에 진행이 되며, 등이 갈라지면서 어른벌레가 나오기 시작해요. 이때 머리, 흉부, 다리, 날개 순서로 나와요. 약 30분이 지나면 다리가 단단해지면서 껍질을 완전히 벗어요. 이렇게 한살이를 완성한 잠자리는 하늘을 날아다니며 사냥을 시작해요!

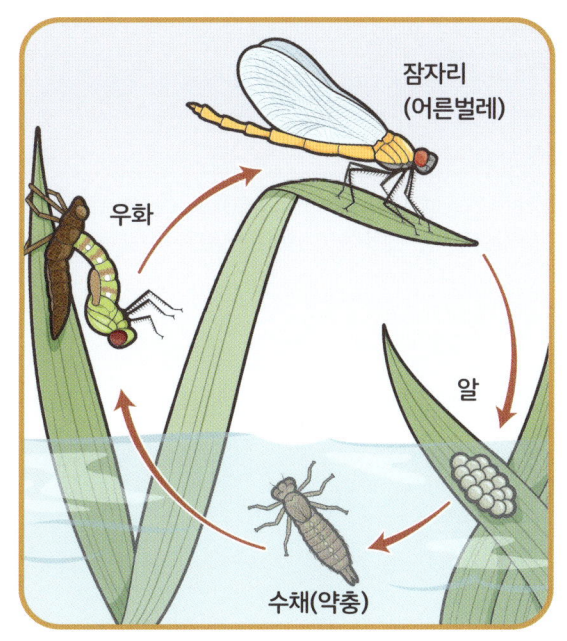

알고 있나요?
개구리와 두꺼비를 비롯한 양서류는 올챙이 때 아가미로 수중 호흡을 해요. 그리고 한살이 과정을 거치면서 폐로 공기 호흡을 하는 성체가 돼요.

흥미로운 이야기

캐나다 북부와 그린란드에 서식하는 이사벨라불나방의 애벌레는 추운 겨울 내내 몸이 얼어 있어요.

애벌레가 고치를 만들려면 에너지가 많이 필요한데, 북쪽 지역에는 겨울 동안 먹을 것이 많지 않아요. 상대적으로 먹을 것이 많은 여름에도 기온은 여전히 매우 낮아요. 겨울이 되면 애벌레는 고치를 만들 에너지를 충분히 저장하지 못해서 동면에 들어가요. 다행히 애벌레의 몸 속에는 특별한 액체가 있어서 영하 70도의 기온에서도 얼어 죽지 않아요.

이사벨라불나방 애벌레

애벌레는 고치를 완성할 때까지 최대 14년 동안 겨울잠을 자며 에너지를 저장해요. 이 에너지로 고치를 지은 후에는 어른벌레인 이사벨라불나방이 돼요. 이사벨라불나방은 수명이 정말 짧아요. 일주일도 살지 못하죠. 그저 짝짓기를 하고 알을 낳을 수 있을 만큼만 살 뿐이에요.

이사벨라불나방과 애벌레는 북아메리카 전역에서 볼 수 있어요. 흥미롭지 않나요? 왜 이사벨라불나방의 애벌레는 추운 북극에서 살게 된 걸까요? 누리집 또는 곤충 백과에서 이사벨라불나방을 찾아보세요!

곤충의 번식

곤충은 번식하기 전에 짝을 찾아야 해요. 어떤 곤충에게는 누구보다 먼저 짝을 찾는 것이 정말 중요해요. 예를 들어, 수컷 모기는 암컷보다 먼저 어른벌레가 돼요. 그래서 수컷은 암컷이 나올 때까지 그저 암컷의 번데기 옆에서 기다리죠. 곤충의 번식 방법 중 가장 신기한 것은 레크 짝짓기(lek mating)예요. 일부 딱정벌레, 말벌, 벌 등의 수컷들은 짝을 찾기 위해 매년 모여서 큰 무리를 이뤄요. 수컷들은 암컷을 유혹하기 위해 치열하게 경쟁해요. 이때 암컷은 어떤 수컷이 자신과 좋은 짝이 될지를 알아보죠.

페로몬은 많은 곤충이 만드는 화학 물질이에요. 곤충은 의사소통과 짝짓기를 하기 위해 페로몬을 분비해요. 수컷 누에나방은 암컷의 페로몬을 따라 약 48킬로미터를 이동하기도 해요. 하지만 페로몬을 따라가는 일은 위험할 수 있어요. 볼라스 거미는 일부 나방의 페로몬을 복사할 수 있거든요. 수컷 나방은 암컷의 페로몬 냄새를 따라가다 굶주린 볼라스 거미를 만날지도 몰라요!

곤충의 알

나비와 집파리는 가까이 있을지도 모르는 짝을 찾기 위해 시력을 이용해요. 반딧불이도 그렇고요. 반딧불이는 꽁무니에서 반짝이는 불빛을 낼 수 있어요. 그런데 반딧불이는 왜 빛을 낼까요? 첫 번째 이유는 번식 때문이에요. 수컷은 자신이 마음에 드는 암컷을 발견하면 먼저 빛을 보내는 행동을 해요. 이때 암컷은 수컷의 매력을 판단해요. 빛의 발광 지속 시간과 패턴이 매력을 판단하는 기준이 돼요. 수컷의 구애를 받아들인 암컷은 수락의 의미로 짧게 빛을 깜빡인답니다. 두 번째 이유는 포식자에게 자신을 건들지 말라고 경고하기 위해서예요. 반딧불이의 체액에는 '루시부파긴'이라는 독성 물질이 있거든요.

많은 암컷이 우연히 만난 첫 번째 수컷과 짝짓기를 해요. 하지만 몇몇 곤충은 구애 의식을 치러요. 구애 의식은 수컷이 암컷에게 강한 인상을 주어 짝짓기를 이끄는 행동이에요. 수컷은 노래를 부르거나 춤을 추고 선물도 줘요. 수컷 풍선파리는 작은 곤충을 사냥하여 둥그렇게 포장을 해요. 그리고 암컷에게 선물하죠. 수컷 전갈파리는 먹이를 사냥해 암컷에게 바친 후 짝짓기를 시도해요. 먹이가 클수록 암컷에게 깊은 인상을 줄 수 있어요.

과학자들은 곤충의 알이 수컷을 거쳐 수정된 후, 암컷의 몸에서 어떻게 성장하는지를 연구하고 있어요. 한 가지 확실한 점은 알의 크기, 색깔, 모양이 다양하게 나온다는 사실이에요. 알은 원형이거나 타원형, 원통형이에요. 줄무늬나 점무늬가 있거나 뾰족하기도 하죠. 사마귀나 바퀴벌레 같은 일부 종은 **알집**이라고 부르는 단단한 껍질로 알을 보호해요. 사마귀 알집에는 수백 개의 알이 들어 있어요.

알고 있나요?

반딧불이는 똑똑하고 공격적인 사냥꾼이에요. 다른 반딧불이의 암컷이 내는 빛 신호를 흉내 낼 수 있거든요. 그리고 이 신호를 따라 온 수컷을 잡아먹는답니다.

곤충의 소통 방식

우리는 말을 못하는 아기였을 때 원하는 것을 어떻게 표현했을까요? 울거나 몸을 움직이면서 의사소통했을 거예요. 인간은 말하는 법을 배워야 하지만, 동물은 그렇지 않아요. 모든 곤충은 같은 종의 구성원들과 의사소통할 수 있는 특별한 언어를 가지고 태어나요.

곤충은 여러 가지 이유로 의사소통해요.

- 동료들을 인식하기 위해
- 천적이 가까이 있을 경우 다른 동료들에게 알리기 위해
- 먹이나 다른 자원이 있는 곳의 위치를 알리기 위해
- 영역을 방어하기 위해
- 천적을 혼란스럽게 하기 위해

곤충은 페로몬, 몸짓 언어, 소리, 시각적 신호를 이용해 의사소통할 수 있어요.

페로몬

곤충의 페로몬은 의사소통할 때 가장 중요한 역할을 해요. 곤충은 페로몬을 이용해 멀리 떨어진 곳에 있는 짝을 찾거나 동료들과 협동 작업을 수행해요. 특히 사회적인 곤충인 개미는 페로몬을 이용한 의사소통 능력이 뛰어나요. 개미는 페로몬을 뿜어내 냄새 흔적을 남겨요. 동료 개미는 이 흔적을 따라 먹이를 찾으러 오죠. 특히 아마존개미의 경우 정찰병 역할을 하는 개미가 근처 군락에 대한 소식을 가지고 돌아오면, 냄새 흔적을 따라 다같이 그곳으로 향해요. 군락에 도착하면 일개미들을 보이는 대로 모두 죽이고 번데기를 훔쳐요. 번데기에서 어른벌레가 나오면 먹이를 주고 돌보며 노예로 부려 먹는답니다.

몸짓 언어

엉덩이를 흔들며 빠른 리듬의 춤을 추는 곤충이 있어요. 바로 벌이에요! 벌이 추는 독특한 8자 춤은 특별한 신호예요. 벌의 무리 중 꿀이 가득 찬 꽃을 찾는 것은 정찰벌의 임무예요. 정찰벌이 적당한 꽃을 찾으면 벌집으로 돌아와 8자 춤을 춰요. 다른 벌들에게 꽃의 위치를 알려 주는 거죠. 이 춤에는 벌집에서 꽃까지의 거리와 방향 정보가 들어 있어요. 벌집에서 꽃까지의 거리는 엉덩이를 흔드는 횟수로 표현해요. 거리가 멀수록 엉덩이를 더 많이 흔들겠죠?

소리

곤충은 보통 짝을 찾거나 포식자에게 경고하기 위해 소리를 내요. 그렇다면 곤충도 소리를 듣는 고막 기관이 있을까요? 곤충은 더듬이나 다리, 복부, 몸을 덮은 잔털로 음역을 감지해요. 특히 매미는 가장 시끄러운 소리를 내는 곤충으로 유명해요. 매미의 울음소리는 최대 120데시벨에 달해요. 이것은 천둥소리만큼이나 큰 거예요. 약 1.6킬로미터 이상 떨어진 곳에서도 들을 수 있죠.

시각적 신호

혹시 여러분은 조용한 숲에서 마우스 클릭 소리를 들어 본 적이 있나요? 소리의 주인공은 방아벌레일 거예요. 방아벌레는 '딸깍' 소리를 내며 튀어 오르거든요. 그래서 방아벌레를 '클릭딱정벌레(Click beetle)'라고 불러요. 방아벌레 중에는 반딧불이처럼 불빛을 낼 수 있는 종이 있어요. 열대 지역에 사는 방아벌레인 피로포루스(Pyrophorus)속의 방아벌레예요. 앞가슴 등판에 있는 한 쌍의 발광 기관에서 반짝이는 초록빛과 붉은 오렌지색의 빛을 내요. 방아벌레는 반딧불이보다도 더 밝은 빛을 내며 천적들에게 경고 신호를 보내요.

알고 있나요?

벌은 꽃이 있는 위치에 따라 다른 형태로 춤을 춰요. 목적지가 100미터 이내에 있을 때는 작은 원형을 그리며 움직여요. 이것을 원형 춤이라고 해요. 목적지가 100미터 이상 멀리 떨어져 있을 때는 8자 춤을 춰요.

곤충과 환경

곤충은 몸집이 작고 연약해서 먹이 사슬의 제일 밑바닥에 있어요. 그런데 곤충은 어떻게 지구상에서 가장 큰 동물 집단이 되었을까요? 지금부터 그 이유를 살펴봅시다!

- 곤충은 적응력이 뛰어나서 지구상의 모든 곳에서 살 수 있어요.

흰개미 군락

→ 반면에 대부분의 동물은 한 곳의 서식지를 선호해요. 만약 여러분이 호주에 살지 않는다면, 뒷마당에서 캥거루를 발견할 확률은 거의 없을 거예요. 캥거루는 주로 호주 내륙의 건조한 지역에서 서식하니까요. 아르헨티나개미의 경우, 남아메리카 열대 지역에서 최초로 발견되었지만 전 세계 다양한 지역에서 서식해요.

→ 어떤 곤충은 한 서식지에서 오래 살기도 해요. 잠자리는 어른벌레가 되기 전까지 물속에서 오랜 세월을 보내요. 매미는 나무에 올라가 큰 소리로 울며 날아다니기 전까지 7~17년 동안 땅속에서 살아요.

- 곤충은 무엇이든 잘 먹어요.

→ 대부분의 곤충은 식물을 먹어요. 일부는 다른 동물을 먹죠. 빈대와 진드기는 피를 빨아 먹는 흡혈 동물이며, 소똥구리는 동물의 똥을 먹어요!

- 곤충은 알을 많이 낳아요.

  → 곤충은 보통 한 번에 100~1,000개의 알을 낳아요. 호주에 사는 박쥐 나방은 한 번에 3만 개의 알을 낳을 수 있어요. 아프리카 군대개미 여왕은 한 달에 백만 개 이상의 알을 낳을 수 있답니다. 정말 어마어마하죠?

- 몸집이 크다고 좋은 점만 있는 것은 아니에요.

  → 몸집이 큰 동물은 식욕이 왕성해요. 코끼리는 하루 평균 최대 272킬로그램의 먹이를 먹고, 어마어마한 양의 물을 마셔요. 하지만 야생에서 그 정도 양의 먹이는 찾기 어려울지도 몰라요. 반면에 개미는 빵 부스러기 조금과 물 한 방울로도 살아남을 수 있어요. 또한 코끼리는 천적을 피해 몸을 숨기기 어렵지만 개미는 보도 틈새나 돌 밑으로 들어가 몸을 숨길 수 있어요.

- 곤충은 여러분이 생각하는 것보다 훨씬 더 똑똑해요.

  → 벌과 개미를 비롯한 몇몇 곤충들은 **군락**이라고 불리는 복잡한 사회를 만들어요. 곤충은 군락 내에서 서로 소통하고 협력해요. 또한 일을 분담하고 맡은 역할에 최선을 다하죠. 일부는 먹이를 사냥하거나 애벌레에게 먹이를 주고, 쓰레기를 내다 버리기도 해요. 여러분에게 수천 명의 형제자매가 있다고 상상해 보세요. 곤충도 여러분의 가족과 비슷한 생활을 한답니다!

> **알고 있나요?**
> 바퀴벌레는 먹이 없이도 두 달에서 세 달을 살 수 있어요. 물 없이는 한 달을 살아요.

흥미로운 이야기

여러분은 곤충을 먹을 수 있나요? 전 세계 20억 명 이상의 사람이 곤충을 먹어요. 곤충은 단백질 덩어리에 섬유질이 풍부하기 때문이에요. 아프리카, 아시아, 중남미 등 여러 국가의 곤충 요리 중 몇 가지만 살펴보기로 해요.

번데기

- 번데기는 누에나방의 번데기를 식재료로 사용한 한국의 길거리 음식이에요. 번데기를 삶거나 쪄서 약간 생선 냄새가 나고 고소한 맛이 나요. 여러분도 길거리에서 파는 번데기를 본 적이 있을 거예요.

- 멕시코는 악취가 풍기는 벌레를 산 채로 먹거나 요리해서 먹는 주밀 축제를 열어요. 멕시코 고대 부족들은 벌레가 병을 치료할 수 있다고 믿었대요.

- 태국에는 수십 가지 곤충을 튀긴 길거리 음식이 많아요. 그중에서도 귀뚜라미를 튀겨 소스에 버무린 징 리드(Jing leed)가 인기 음식이에요.

- 많은 멕시코 지역에서 차풀리네스(Cha-pulines)를 즐겨 먹어요. 이것은 메뚜기에 고춧가루와 라임을 뿌려 튀긴 음식이에요.

- 만약 여러분이 일본에서 건포도가 박힌 쿠키를 발견했다면 주의 깊게 살펴보세요. 건포도가 실제로는 나나니벌일 수도 있어요! 말벌과 쌀가루로 만든 크래커도 일본의 많은 지역에서 인기 있는 간식이에요.

이로운 곤충들

어느 누구도 모기, 파리, 빈대가 가득한 집에 살고 싶지 않을 거예요. 하지만 이 해충들은 전 세계 수많은 곤충들 중 일부에 불과해요. 이로운 곤충이든 해로운 곤충이든 모든 곤충은 생태계를 건강하게 유지하는 역할을 해요.

꽃가루 매개자

곤충은 생태학적으로 아주 중요한 역할을 해요. 수많은 식물의 꽃가루 매개자 역할을 하죠. 식물이 씨앗과 열매를 맺기 위해서는 수술의 꽃가루가 암술에 달라붙어 **수분**되어야 해요. 꽃 안에서 수분 작용이 일어나기도 하지만 다른 꽃의 꽃가루가 암술에 붙어야 수정이 되는 꽃도 있어요. 지구상에서 꽃이 피는 식물의 80퍼센트가 곤충을 통해 수분을 해요. 나비와 벌은 대표적인 꽃가루 매개 곤충이에요. 특히 깔따구는 카카오 꽃의 유일한 꽃가루 매개자예요. 깔따구가 없다면 여러분이 좋아하는 초콜릿은 세상에 존재하지 않을 거예요. 하지만 꽃가루 매개자 역할을 하는 곤충의 40퍼센트가 멸종 위기에 처해 있어요. 꽃, 풀, 나무 등 여러 식물이 더 이상 번식하지 않고 사라진다면 어떻게 될까요? 자연 생태계는 파괴되고 인류는 심각한 식량 문제를 겪을 거예요.

먹이 사슬

생태계 먹이 사슬에서 곤충은 새, 파충류, 양서류 그리고 다른 여러 동물의 먹이가 돼요. 또한 곤충과 그들의 애벌레는 중요한 분해자 역할을 해요. 썩은 동식물을 분해해서 그 영양분을 토양으로 돌려보내죠. 이러한 영양분은 토양을 비옥하게 만들어요. 곤충이 없었다면 지구는 아마 썩은 식물과 죽은 동물로 가득 찼을 거예요!

슈퍼스타 흙

건강한 토양은 절반이 공기로 채워져 있어요. 공기와 물의 통로는 흙 전체에 물을 운반하고 뿌리가 잘 자랄 수 있는 환경을 만들어요. 개미와 딱정벌레 같은 곤충은 땅굴을 파면서 흙이 빽빽하게 차는 것을 막고, 식물의 뿌리가 깊숙이 자랄 수 있도록 도와줘요. 또한 죽은 곤충은 분해되어 흙에 영양분을 더해요. 또한 곤충의 배설물은 식물에게 훌륭한 비료가 돼요.

농부의 친구들

진딧물과 가루이를 포함한 몇몇 해충은 식물을 훼손시키거나 죽일 수 있어요. 그래서 농부와 정원사는 해충을 없애기 위해 포식자 곤충을 풀어놔요. 무당벌레, 사마귀, 녹색 풀잠자리 그리고 여러 다른 곤충은 이러한 해충을 잡아먹고 농작물을 구해 줘요.

알고 있나요?

남생이잎벌레의 애벌레는 포식자로부터 자신을 보호하기 위해 등에 탈피한 껍질과 똥을 붙이고 다녀요.

자연 정원을 만들어 봐요

나비와 벌 등 꽃가루 매개 곤충을 직접 관찰하고 싶나요? 그렇다면 아래의 방법으로 자연 정원을 만들어 보세요!

● **식물을 심기 전 고려할 사항**
식물은 많은 햇빛이 필요하고 강한 바람으로부터 보호받아야 해요. 그리고 적어도 25센티미터 깊이의 흙이 필요해요.

● **우리나라 자생 식물 선택하기**
자생 식물은 여러분 주변에 사는 곤충을 더 많이 유인해요. 자생 식물에 대한 정보를 얻고 싶다면 '한국 자생식물 Web 도감(eflora.kr)' 홈페이지를 방문하세요.

● **나비 애벌레와 나비를 위한 식물 알아보기**
여러분의 자연 정원에 나비가 오래 머물기를 바란다면, 나비의 먹이 식물과 나비 애벌레를 위한 기주 식물을 준비해야 해요. 나비 생태 정보는 《나비 관찰 백과》(로렌 데이비슨 지음, 바이킹 출판사)를 보면 더 자세히 알 수 있답니다.

● **살충제는 안 돼요**
살충제는 곤충을 죽여요. 모기 같은 해충을 퇴치하기 위한 스프레이도 무당벌레, 나비, 벌을 죽여요.

● 나비를 위한 물웅덩이 만들기

나비가 정원에서 생활하려면 물이 필요해요. 나비는 많은 양의 물보다는 촉촉한 모래나 진흙 주위에 모이는 것을 좋아해요. 나비는 물웅덩이에서 수분과 미네랄을 얻어요. 나비를 위한 물웅덩이를 만들어 볼까요? 먼저 얕은 접시가 들어갈 만큼 땅을 파야 해요. 그리고 접시에 모래와 자갈을 채운 후 접시 가장자리가 보일 만큼만 땅에 묻으세요. 그리고 그 위에 물을 채우세요.

● 바위 놓기

나비가 햇볕을 마음껏 쬘 수 있는 공간을 만들어 주세요. 정원에 크고 평평한 바위를 놓으면 좋아할 거예요.

놀라운 곤충들

긴둥근꼴날개베짱이

2장
곤충들을 더 가까이

여러분은 지금까지 곤충이 무엇인지 배웠어요. 이제 전 세계에 있는 곤충 친구들을 만날 준비가 되었나요? 지금부터 살펴볼 곤충들은 지금 여러분의 집이나 정원에 살고 있을 수도 있어요. 물론 정말 먼 곳에 살고 있는 곤충도 있겠지요.

먼저 딱정벌레가 속한 딱정벌레목부터 살펴볼 거예요. 여러분이 알고 있는 대부분의 곤충이 딱정벌레목에 속해요! 자, 그럼 함께 곤충의 왕국을 탐험해 봐요!

딱정벌레목
튼튼한 방패를 가진 곤충

지구상에 있는 모든 딱정벌레목의 수를 셀 수 있을까요? 아마 불가능할 거예요. 그건 밤하늘의 별이나 해변의 모래알을 세는 것만큼 힘들어요. 딱정벌레목은 곤충류 전체의 약 40퍼센트를 차지할 만큼 거대한 집단이며 전 세계에 25만여 종이 있어요. 여기에는 사랑스러운 무당벌레와 아름다운 빛을 내는 반딧불이가 포함돼요. 또한 주먹 크기만 한 거대 곤충부터 농작물을 파괴하는 해충에 이르기까지 다양한 곤충이 있답니다.

딱정벌레목은 크기가 정말 다양해요. 딱정벌레 중 크기가 가장 작은 분류군인 깨알벌레과에는 샤프심 굵기보다 작은 종이 있어요. 너무 작아서 현미경으로 관찰해야 하죠. 물론 크기가 큰 곤충도 있어요. 타이탄딱정벌레는 몸길이가 17센티미터까지 자라며, 턱이 굉장히 튼튼해서 연필을 반으로 쪼갤 수 있을 정도예요.

딱정벌레는 큰 턱을 사용해 먹이를 자르고 으스러뜨려요. 그래서 어떤 종은 농작물에 많은 피해를 줘요. 예를 들어, 목화바구미는 목화 줄기를 갉아 먹고 살기 때문에 목화 농사에 피해를 줘요. 소나무좀 애벌레는 나무를 씹으며 나무 속으로 파고들어 가요. 결국 나무는 쇠약해져 쓰러지고 말죠.

대부분의 곤충과 마찬가지로 딱정벌레는 두 쌍의 날개를 가지고 있어요. 딱지날개라고 불리는 앞날개는 단단한 키틴질로 만들어졌어요. 딱지날개는 속날개와 배를 보호해요. 딱정벌레목의 약 10퍼센트는 날지 못해요. 하지만 날 수 없는 대신 날개 표면을 단단하게 만들거나 특별한 일을 하는 날개를 가지고 있어요. 강수량이 적은 아프리카 남서부 나미브 사막에 서식하는 나미브사막풍뎅이는 안개로부터 물을 만들어 낼 수 있어요. 나미브사막풍뎅이의 등은 돌기들로 덮여 있어요. 안개 속에서 돌기로 수분이 하나 둘 모여 덩어리가 커지면 돌기 끄트머리 아래로 떨어져요. 이때 풍뎅이는 머리를 바닥으로 숙여 등에 모인 물방울이 입으로 떨어지게 해요. 이렇게 수분을 섭취하는 거예요.

소똥구리의 날개는 조직이 서로 연결되어 있어 튼튼한 방패 같아요. 특히 미국의 건조한 지역에 서식하는 철갑딱정벌레는 차가 밟고 가도 생존할 수 있을 만큼 튼튼한 날개를 가졌답니다.

방패 역할을 하는 강철 껍질 외에도 딱정벌

레는 다양한 방어 수단을 가지고 있어요. 일부 종은 굴러다니며 죽은 척을 해요. 수컷 장수풍뎅이와 헤라클레스왕장수풍뎅이는 사냥과 전투를 위해 사용하는 커다란 뿔을 가지고 있죠. 또한 무당벌레종은 끈적끈적한 노란색 물질을 뿜어내 포식자의 더듬이와 입을 공격해요.

세계에서 가장 빠른 곤충은 무엇일까요? 바로 호주길앞잡이에요. 이 곤충은 초당 본인 몸 길이의 171배를 이동할 수 있어요. 너무 빠르게 달려서 몇 초마다 멈춰서 자신의 위치를 확인해야만 하죠!

딱정벌레의 단단한 껍질, 강력한 큰 턱, 뛰어난 적응력은 급격한 지구 환경 변화 속에서도 살아남을 수 있었던 이유예요. 딱정벌레는 얼어붙은 북극 툰드라부터 아마존 우림에 이르기까지 지구상의 모든 서식지에 살고 있답니다.

폭탄먼지벌레
Bombardier Beetles

학명 *Brachinus*

폭탄먼지벌레는 남극을 제외한 모든 곳에서 발견돼요. 들판보다는 숲속에서 자주 관찰할 수 있으며 어두운 밤에 활동하는 야행성 곤충이에요. 폭탄먼지벌레는 살아 있는 시한폭탄으로 알려져 있어요. 아주 무시무시한 방어 무기를 가지고 있거든요. 폭탄먼지벌레는 위협을 느끼면 무려 100도가 넘는 뜨거운 화학 물질을 엉덩이에서 뿜어내요. 이 화학 물질은 독성이 있는 독가스로 1초에 500번에서 1,000번까지 분사할 수 있어요. 폭탄먼지벌레의 독가스는 포식자들을 달아나게 만든답니다!

곤충 생태 정보

발견 지역
전 세계의 초원, 숲, 습지

먹이
작은 곤충, 다른 폭탄먼지벌레와 애벌레

길이
최대 20mm

수명
몇 주

색깔/특징
날개와 배는 주황색과 검은색을 띠며 머리와 가슴은 주황색이에요.
빨간색 더듬이가 있어요.

물맴이
Common Whirligig Beetle

학명 *Gyrinus natator*

물속에 사는 딱정벌레는 900종 이상 있어요. 그중 물맴이는 전 세계 강이나 개울, 연못에서 자주 발견돼요. 이 작은 딱정벌레를 물맴이라고 부르는 이유가 있어요. 작은 모터라도 단 것처럼 아주 빠르게 물 위를 빙글빙글 맴돌거든요. 물맴이는 무리를 지어 빠르게 돌기 때문에 포식자들을 혼란스럽게 만들어요. 또한 물맴이는 독특하게 4개의 겹눈을 가지고 있어요. 위쪽 눈으로 수면이나 공중을 보고 아래쪽 눈으로는 물속을 봐요.

곤충 생태 정보

발견 지역
전 세계의 강, 개울, 연못

먹이
물벼룩, 작은 무척추동물

길이
6~7.5mm

수명
2~3년

색깔/특징
몸은 검푸른 색으로 금속광택이 나며 다리는 불그스름해요.

레기우스골리앗왕꽃무지
Royal Goliath Beetle

학명 *Goliathus regius*

꽃무지아과는 풍뎅이과에 속하는 곤충의 한 분류예요. 여기에는 골리앗꽃무지속이 포함돼요. 그중 레기우스골리앗왕꽃무지(레기우스장수꽃무지)는 꽃무지 무리 중 가장 커요. 거의 여러분의 주먹만 하죠. 그리고 힘이 정말 센 것으로 유명해요. 자신 몸무게의 850배를 들어 올릴 수 있죠! 이것은 성인 남성이 자동차 40대를 한 번에 들어 올리는 것과 같아요. 어떤 사람들은 이 곤충을 반려동물로 키우기도 해요. 집에서 키울 때는 단백질이 풍부하게 들어 있는 개나 고양이 사료를 먹어요.

곤충 생태 정보

발견 지역
아프리카 서부 우림지

길이
최대 115mm

색깔/특징
몸은 검은색이며 가슴과 딱지날개에 흰색 줄무늬가 나 있어요.

먹이
과일, 나무껍질, 나무 수액

수명
야생에서는 약 3개월, 사육하는 경우에는 1년 정도

무지개소똥구리
Rainbow Scarab

학명 *Phanaeus vindex*

소똥구리과는 전 세계적으로 약 5,000종이 있어요. 소똥구리는 똥 안에 알을 낳고 생활하는 드웰러 무리(dwellers), 똥 밑으로 굴을 파고 그 안에 알을 낳는 터널러 무리(tunnelers), 똥을 동그랗게 굴려서 다른 곳에 묻고 알을 낳는 롤러 무리(rollers)로 나누어져요. 소똥구리 애벌레는 어른벌레가 될 때까지 다른 동물의 똥을 먹으며 지내요. 자신의 끈적끈적한 똥은 서식지를 지키는 방어 물질로 사용하죠.

곤충 생태 정보

발견 지역
아프리카 서부 우림지

길이
최대 115mm

색깔/특징
몸은 파란색, 녹색, 빨간색이며 금속광택이 나요. 황금색 머리에 노란색 더듬이가 달려 있어요. 수컷은 머리에서 가슴까지 이어지는 검은 뿔을 가지고 있어요.

먹이
과일, 나무껍질, 나무 수액

수명
야생에서는 약 3개월, 사육하는 경우에는 1년 정도

나비목
크고 화려한 날개를 가진 곤충

나비목은 화려하고 다채로운 날개와 밝은색 몸을 가졌어요. 곤충계의 슈퍼 모델이라고도 할 수 있죠. 전 세계에 서식하는 나비는 2만 여종이 있고 나방은 16만 종이 있어요. 나비목은 딱정벌레목 다음으로 규모가 큰 곤충 집단이에요. 나비목이라는 명칭은 '비늘'을 뜻하는 레피스(lepis)와 '날개'를 뜻하는 프테라(ptera) 두 개의 그리스 단어에서 유래했어요.

나비목은 완전 탈바꿈을 해요. 나비의 애벌레는 영어로 라바(larva) 또는 캐터필러(caterpillar)라고 해요. 나비의 날개는 키틴질의 외골격으로 만들어진 비늘로 이루어져 있어요. 비늘은 평평하고 얇아서 마치 머리카락처럼 보여요. 나비의 날개 표면에는 얇고 작은 비늘이 기왓장처럼 촘촘하게 분포되어 있어요. 여러분이 나비나 나방을 만지면 손에 가루가 묻을 거예요. 이 가루는 '인분'이라고 하는 나비와 나방의 날개에 있는 분비물이에요.

나비목은 날개가 부러지면 날 수 없기 때문에 죽게 돼요. 다행히 날개는 보기보다 훨씬 강해요. 한살이를 완료한 나비가 번데기에서 나오면 날개는 젖어 있고, 배는 둥글게 말린 상태예요. 이때 나비는 날개 정맥을 통해 혈림프를 펌프질 해요. 그리고 거꾸로 매달려 날개가 마르고 뻣뻣해지도록 해요. 튼튼한 날개가 생긴 나비는 수천 거리를 날아도 끄떡없어요! 특히 작은멋쟁이나비와 제왕나비 같은 종은 먹이와 따뜻한 기후를 찾아 긴 거리를 이동해요.

여러분은 나비라는 단어를 들었을 때 무엇을 떠올렸나요? 사뿐사뿐한 날갯짓? 아니면 아름답고 화려한 날개를 떠올렸나요? 나비 대부분의 몸 색과 날개의 빛깔은 밝고 다채로워요. 하지만 자연은 미스터리한 일이 가득해요. 갈색과 황갈색을 띠는 나비도 있고, 밝은 연두색과 감청색을 뽐내는 나방도 있어요. 47쪽의 표를 보면 나비와 나방의 차이점을 쉽게 알 수 있어요.

> **알고 있나요?**
> 나비목은 더듬이로 냄새를 맡고 발로 맛을 봐요. 일부 나방은 배로 소리를 들어요.

만약 여러분이 관찰한 나비가 나방처럼 몸이 두껍고 솜털이 보송보송하며 칙칙한 갈색 몸을 가졌다면 어떨 것 같나요? 너무 놀라지는 마세요! 여러분은 팔랑나비를 찾은 거예요! 팔랑나비는 나비목의 팔랑나비과에 속해요. 이 나비는 나비와 나방의 특징을 모두 가지고 있답니다.

나비목은 전 세계에 살고 있으며 따뜻한 곳을 좋아해요. 또한 모든 나비종의 약 4분의 1이 페루에 서식해요.

	나비	나방
더듬이	길고 가는 곤봉 모양	굵은 깃털 모양
번데기	단단하고 부드러운 번데기	솜털이 보송보송한 비단 고치
생김새	가늘고 매끈함	두껍고 솜털이 보송보송함
쉬고 있을 때 날개 모양	수직 (양날개를 위로 접음)	수평 (양날개를 비행기 날개처럼 가로로 펼침)
행동 습성	대체로 주행성 (낮에 활동적임)	대체로 야행성 (밤에 활동적임)
색상	밝거나 다채로운 색	보통 칙칙한 색

어린이 과학자 활동을 해 봐요

나비와 나방의 애벌레는 식물을 씹어 먹을 수 있는 입이 있어요. 그리고 어른벌레가 되면 주둥이가 발달하죠. 초기에 과학자들은 그들이 주둥이를 사용해 꽃의 꿀이나 과일즙 또는 흙으로부터 영양분을 빨아들인다고 생각했어요. 사실 나비와 나방은 주둥이를 사용해 영양분을 빨아 먹는 것이 아니에요. 주둥이를 사용해 영양분을 스펀지처럼 흡수하는 거예요!

꽃의 꿀을 먹고 있는 박각시나방

활동에 필요한 것
파란색 식용 색소
종이 타월
플라스틱 물병(원기둥) 또는 유리병

실험하기
1. 컵에 물을 반 정도 채우고 식용 색소를 몇 방울 넣으세요.
2. 병에 종이 타월을 밀어 넣어요.
3. 종이 타월의 한쪽 끝을 식용 색소 물에 담가요.

어떻게 될까요?
종이 타월은 식용 색소 물을 흡수해요. 금세 전체가 파란색으로 물들 거예요. 나비목 곤충들은 이렇게 영양분을 흡수해요. 만약 나비의 주둥이가 빨대처럼 작용한다면, 꽃의 꿀이 아닌 꽃가루와 다른 부분도 조금씩 빨아들이게 되겠죠. 이러한 고체 조각은 나비의 흡수 기관을 막아 버릴 수도 있어요.

찰스 다윈과 박각시나방
1862년, 찰스 다윈은 꿀샘이 30센티미터 이상으로 긴 난초를 발견했어요. 그는 이 꽃의 꿀을 먹고 꽃가루를 운반하는 곤충이 분명 있을 거라고 생각했죠. 1992년, 30센티미터의 긴 주둥이를 지닌 박각시가 난초의 꿀을 먹는 장면이 촬영됐어요. 찰스 다윈의 예측이 130년 만에 증명된 거예요!

크로우나비
Common Crow Butterfly

학명 *Euploea core*

짝짓기 철이 되면 수컷 크로우나비는 배에서 노란색과 주황색이 섞인 털을 뿜어내요. 그리고 향기를 발산해 암컷을 유혹하죠. 크로우나비는 네발나비과에 속해요. 네발나비는 이름처럼 다리가 4개일까요? 사실 앞다리가 2개 있지만 짧게 퇴화되었기 때문에 언뜻 보면 다리가 4개밖에 없는 것처럼 보여요. 네발나비과에 속한 나비들은 도시의 하천이나 강가 주변에 서식해요.

곤충 생태 정보

발견 지역
인도, 아시아, 호주의 열대 지역

먹이
무화과 나무와 유칼립투스 같은 식물의 꿀

날개 길이
80~90mm

수명
어른벌레: 11~13주

색깔/특징
앞날개와 뒷날개 경계 부분에 흰 반점이 있으며 흑갈색 날개를 가지고 있어요.

꼬리박각시
Hummingbird Hawk-Moth

학명 *Macroglossum stellatarum*

모든 박각시의 몸은 머리카락처럼 가는 털로 덮여 있어요. 꼬리박각시는 주로 낮에 활동해요. 꽃의 꿀을 섭취하려면 시야 확보가 잘 되는 낮에 움직이는 게 유리하기 때문이죠. 꼬리박각시는 꽃의 꿀을 먹을 때 정말 멋진 비행 솜씨를 뽐내요. 윙윙거리는 소리가 들릴 정도의 빠른 날갯짓으로 정지 비행을 해요. 꼬리박각시의 날개는 매우 강해요. 그래서 비가 올 때도 날갯짓을 하며 먹이를 잘 섭취할 수 있어요.

곤충 생태 정보

발견 지역
남유럽, 북아프리카, 아시아의 초원 및 삼림 지대

날개 길이
약 20~30mm

색깔/특징
주황색과 갈색이 섞인 뒷날개와 회색 앞날개를 가지고 있어요. 몸은 회갈색이며 꼬리 끝에 털이 달려 있어요.

먹이
애벌레: 갈퀴덩굴속의 풀
어른벌레: 패랭이속, 버베나, 인동과 같은 식물의 꿀

수명
애벌레: 3~4주
번데기: 3주
어른벌레: 6~7개월

곤충들을 더 가까이

루나나방
Luna Moth

학명 *Actias luna*

루나나방은 생애 주기의 대부분을 애벌레와 번데기 단계로 보내요. 루나나방 애벌레는 다양한 나무의 잎을 섭취해요. 하지만 어른벌레가 되면 주둥이와 소화 기관을 가지지 않기 때문에 먹이를 먹지 않아요. 그래서 짝을 찾아 짝짓기를 할 수 있을 만큼만 살아요. 루나나방은 우리나라에 서식하는 옥색긴꼬리산누에나방(학명: *Actias gnoma*)과 매우 닮았어요!

곤충 생태 정보

발견 지역
미국 동부와 캐나다 남부의 숲

날개 길이
75~114mm

색깔/특징
긴 꼬리가 달린 밝은 녹색 날개에 눈을 닮은 눈꼴 무늬가 있어요.

먹이
애벌레: 호두나무, 히코리나무, 미국 풍나무 등과 같은 낙엽성 나무의 잎
어른벌레: 아무것도 먹지 않아요.

수명
애벌레: 한 달
번데기: 3주
어른벌레: 5일~7일

제왕나비
Monarch Butterfly

학명 *Danaus plexippus*

제왕나비는 미국에서 모르는 사람이 없을 정도로 유명해요! 멋진 이름과 화려한 외모를 가진 미국의 국민 나비죠. 제왕나비는 봄에 미국 남부에서 알을 낳아요. 애벌레들이 나비가 되면, 그들은 미국 중부와 동부, 캐나다 동부에 살다가 늦여름이나 초가을에 멕시코 산악 지대로 이동해요. 이때 이동하는 나비들은 8월에 태어난 특별히 강한 세대예요. 이 특별한 제왕나비들은 다른 제왕나비들과 합류하기 위해 남쪽으로 4,800킬로미터를 넘게 날아가요. 다시 봄이 오면 미국 남부로 돌아와 짝짓기를 하고 알을 낳아요. 이러한 제왕나비의 대규모 이주는 3세대에 걸쳐 계속돼요.

곤충 생태 정보

발견 지역
미국, 캐나다 남부, 중앙아메리카

날개 길이
100~130mm

색깔/특징
어두운 주황색 날개 테두리는 검은 날개맥(날개에 있는 맥)과 흰 점으로 이루어져 있어요.

먹이
밀크위드의 꽃과 꿀

수명
애벌레: 2주
번데기: 약 10일
어른벌레: 2~6주
이주 나비 세대: 6~8달

파리목
뛰어난 생존 본능을 가진 곤충

우리에게 친근한 파리, 모기, 각다귀는 파리목에 속해요. 파리목은 세 번째로 큰 규모의 곤충 집단이며, 약 15만 종이 있어요. 파리목은 다른 곤충 집단보다 인간과 관계가 깊어요. 그리고 종류가 굉장히 많은 분류군인 만큼 서식하는 환경도 다양해요. 파리목 곤충은 다양한 서식지에 적응하며 살아가기 때문에 생존력이 정말 뛰어나요.

파리목(Diptera)은 그리스어에서 유래했어요. 'di'는 둘을 의미하고 'petera'는 날개를 의미해요. 파리목은 한 쌍의 앞날개가 있어요. 뒷날개는 퇴화되었지만, 곤봉 모양의 '평균곤'이 있어요. 평균곤은 파리 스스로 몸의 회전을 감지할 수 있도록 도와주는 독특한 기관이에요. 예를 들어, 비행 중인 파리가 갑자기 거센 바람을 만나면 평균곤에 있는 신경 종말들은 이것을 감지해요. 그리고 파리의 뇌에 빠르게 신호를 전달하죠. 신호를 받은 파리는 재빨리 비행경로를 바꿔 위험에서 벗어날 수 있어요. 파리는 왜 이렇게 잡기가 어려운 걸까요? 그 이유는 파리의 눈에 있어요! 파리는 시각 정보를 빠르게 처리할 수 있는 겹눈을 가지고 있거든요. 파리의 눈은 넓은 시야를 확보할 수 있어서 뒤돌아보지 않고도 뒤에 무엇이 있는지 알 수 있어요.

파리는 사람에 비교하자면 나쁜 식습관을 가지고 있어요. 집파리는 음식 위에 내려앉은 후 다리로 맛을 봐요. 그리고 주둥이 끝에 있는 작은 털로 음식을 문질러 부스러기로 만들어요. 그런 다음 토해요! 파리는 액체만 섭취할 수 있기 때문에 단단한 음식 위에 침과 소화액의 혼합물을 토해 수프처럼 만들어요. 이런 식으로 영양분을 섭취하죠. 여기저기 돌아다니며 똥을 쌀 뿐만 아니라 파리는 해로운 박테리아와 질병을 퍼뜨릴 수 있어요. 파리는 쓰레기통에 있는 썩은 음식부터 동물의 똥까지 다 먹어 치우거든요. 그래서 파리의 다리에는 엄청난 양의 세균이 묻어 있어요.

여러분은 지구에서 가장 위험한 동물이 무엇이라고 생각하나요? 백상아리, 곰, 독사? 모

알고 있나요?
파리의 다리에는 끈적끈적한 물질이 묻어 있어요. 그래서 유리 위를 걸을 수 있고 천장에 매달릴 수 있답니다.

두 아니에요. 바로 모기예요! 모기는 꽃의 꿀을 먹고 살아요. 그러나 암컷 모기는 알을 만들기 위해 혈액에 있는 단백질을 섭취해야 해요. 그래서 인간의 피를 빨아 먹는 거예요! 우리는 모기에게 '물렸다'고 표현하지만 모기는 이빨이 없어요. 바늘처럼 날카로운 주둥이를 사용해 우리 피부에 구멍을 뚫는 것이죠. 모기에게 물린 상처는 대부분 무해해요. 하지만 열대 지방에 서식하는 일부 모기의 침은 말라리아와 같은 심각한 질병을 유발할 수 있어요.

파리목은 인간을 힘들게 하는 파리와 모기 때문에 불청객으로 취급받기도 해요. 하지만 파리목에 속한 곤충들은 지구를 건강하게 유지할 수 있도록 도와줘요. 파리는 많은 식물의 꽃가루 매개자 역할을 해요. 또한 개구리와 새 등 다른 동물의 먹이가 되죠. 꽃등에 곤충의 애벌레는 진딧물과 여러 해충을 잡아먹고, 파리목 곤충의 애벌레인 구더기는 생태계의 중요한 분해자 역할을 해요.

파리목은 다른 곤충이 죽는 환경에서도 살아남는 생존력을 보여 줘요. 혹독한 기후를 지닌 남극에서 1년 내내 생존하는 유일한 곤충이 있어요. 바로 남극 깔따구(*Belgica antarctica*)예요. 남극 깔따구는 남극 환경에 적응하기 위해 날개를 포기했어요. 어떤 파리는 섭씨 37.8도 이상의 뜨거운 온천에서 살거나 바닷물보다도 더 짠 물에서 살아요. 여러분이 어디를 여행하든, 여러분 주위에는 항상 파리목 곤충들이 있을 거예요!

알고 있나요?

깔따구는 모기와 비슷하게 생겼지만 모기보다 더 작아요. 그래서 우리 눈에 잘 보이지 않아요. 어떤 종은 방충망의 작은 틈으로 드나들 수 있을 정도로 작아요!

흥미로운 이야기

개, 원숭이, 토끼, 쥐 모두 우주에 갔지만, 사실 최초의 우주 비행사는 초파리였어요. 1947년, 과학자들은 초파리를 가득 실은 로켓을 우주로 발사했어요. 초파리가 들어 있던 캡슐은 분리되기 전 우주에서 거의 112킬로미터를 날았어요. 캡슐이 지구로 돌아왔을 때 그 안에 있던 초파리들은 여전히 살아 있었어요. 초파리는 작고 가벼워서 우주 비행에 적합해요.

하지만 과학자들이 초파리를 선택한 더 중요한 이유가 있어요. 초파리의 유전자가 인간의 유전자와 놀라울 정도로 닮았기 때문이에요. 또한 초파리는 사람의 질병 관련 유전자를 가지고 있어요. 그래서 국제 우주 정거장의 우주 과학자들은 장기적인 우주 비행이 인간에게 미치는 영향을 연구하기 위해 초파리를 활용한답니다.

검정파리
Bluebottle Fly

학명 *Calliphora vomitoria*

검정파리 학명에 있는 'vomit'라는 단어의 의미는 '토하다'예요. 이름에 이러한 뜻을 가지고 있으니 당연히 좋을 리 없겠죠! 검정파리는 역한 냄새를 풍기는 모든 것을 좋아해요. 그래서 앉은부채와 같이 냄새가 강한 식물의 꽃가루 매개자 역할을 해요. 검정파리는 죽은 동물, 똥, 쓰레기 위에 알을 낳아요. 어른벌레가 되면 초당 자기 몸길이의 300배를 날 수 있어요. 이것은 마치 축구 선수가 축구장 6개를 연속해서 뛰는 것과 같아요.

곤충 생태 정보

발견 지역
북반구 또는 남아메리카와 아프리카 일부 지역, 썩어 가는 동물이 있는 모든 곳

몸길이
약 8~13mm로 일반 집파리보다 약간 큰 크기예요.

색깔/특징
커다란 붉은 눈을 가졌으며 머리는 짙은 회색이에요. 금속광택이 나는 배에는 투명한 날개가 있어요.

먹이
애벌레: 죽은 동물이나 똥
어른벌레: 꽃의 꿀

수명
약 6주

흰줄숲모기
Asian Tiger Mosquito

학명 *Aedes albopictus*

흰줄숲모기는 동남아시아의 열대 및 아열대 지역에서 자생하는 종이었어요. 교통이 발달하고, 상품 운송이 활발해지면서 전 세계로 퍼졌죠. 흰줄숲모기는 특히 여름철에 개체 수가 증가해요. 다른 모기와 다르게 한낮에도 흡혈 활동을 하고 공격성이 강해요. 여러분은 이 모기를 자주 보았을 거예요. 우리나라에서는 '전투 모기' 또는 '아디다스 모기'라고 불러요. 흰줄숲모기의 알은 화분, 오래된 타이어, 음료수 캔 안에서도 부화할 수 있어요! 흰줄숲모기는 지카 바이러스, 황열병, 뎅기열 등을 전파한다고 알려져 있어요.

곤충 생태 정보

발견 지역
전 세계

먹이
인간이나 동물의 피

몸길이
4.5mm

수명
약 3주

색깔/특징
몸은 검은색이고 가슴 등판 중앙에 흰색 줄무늬가 있어요. 다리 마디에도 흰색 띠가 있어요.

자루눈파리
Stalk-Eyed Fly

학명 *Teleopsis pallifacies*

이 파리는 정말 특이하게 생겼죠? 파리의 일종이지만 우리가 아는 파리와는 상당히 달라요. 이 파리는 눈자루라고 불리는 긴 자루 끝에 눈이 달려 있어요. 그래서 대눈파리, 눈자루파리라고도 해요. 어떤 수컷은 눈자루 길이가 몸 전체 길이보다 길기도 해요. 자루눈파리의 눈자루가 긴 이유는 무엇일까요? 바로 구애 행동을 하기 위해서라고 해요. 암컷은 긴 눈자루를 가진 수컷을 더 좋아하거든요. 수컷은 긴 눈자루를 이용해 많은 암컷을 유혹하고 짝짓기에 성공해요. 하지만 자루눈파리처럼 긴 눈으로 살아가기는 쉽지 않아요. 나는 것도 어렵고 포식자에게 잡히기도 쉽죠. 그래서 수컷은 큰 날개를 가지도록 진화했어요.

곤충 생태 정보

발견 지역
남아시아의 연못, 호수, 강, 습지 근처

먹이
썩은 식물의 박테리아와 곰팡이

몸길이
12mm 미만

수명
약 2개월

색깔/특징
삼각형 모양의 머리에는 두 개의 긴 눈자루가 있어요. 허리는 좁고 복부는 둥근 공 모양이에요.

곤충들을 더 가까이

줄무늬말파리
Striped Horsefly

학명 *Tabanus lineola*

밝은 녹색 눈을 가진 줄무늬말파리는 외국에서는 녹색머리의 괴물이라고 불러요. 암컷 줄무늬말파리는 알을 만들기 위해 모기처럼 흡혈 활동을 해요. 말의 피를 빨아 먹으며 목숨을 위협하는 바이러스를 전파하죠. 바늘 같은 주둥이로 피부를 뚫지 않고, 면도날처럼 날카로운 입 부분을 사용해 피부를 잘라요. 최근에는 말파리 때문에 얼룩말에게 줄무늬가 생겼다는 연구가 있어요. 얼룩말의 줄무늬가 말파리를 교란해 공격을 방지하는 기능이 있다는 것을 밝혀냈지요. 소에게 줄무늬를 그렸더니 말파리들이 공격을 덜했다는 실험도 있죠.

곤충 생태 정보

발견 지역
미국과 캐나다의 해안 평원 및 습지

몸길이
12mm 이상으로 일반 집파리보다 두 배 정도 커요.

색깔/특징
밝은 녹색 눈에 보라색 줄무늬가 가로질러 있어요.

먹이
말과 다른 여러 동물의 피, 인간의 피

수명
1~2주

벌목
침을 쏘는 곤충

이제 우리는 날개와 침을 가진 곤충에 관해 배울 거예요. 벌목에 속한 15만 종의 곤충 중 20퍼센트의 곤충이 침을 가지고 있어요. 침을 가진 곤충은 주로 군락을 이루어 함께 생활하는 사회성 곤충이에요. 자신이 위협받을 때만 침을 쏘지요.

사회성 곤충으로는 개미, 꿀벌, 흰개미 등이 있어요. 모든 군락에서 여왕 곤충은 군락 내 구성원들이 섬기는 대상이 되죠. 꿀벌 군락은 여왕벌, 수벌, 일벌로 구성돼요. 여왕벌은 다른 벌보다 몸집이 더 커요. 여왕벌이 하는 유일한 일은 알을 낳는 거예요. 수벌은 오직 여왕벌과 짝짓기를 하기 위해 태어나요. 암벌의 경우 일벌이라고 불러요. 꿀벌 세계에서 일을 하는 벌은 모두 일벌이에요. 일벌은 평생 다양한 역할을 하며 살아가요. 태어나자마자 자신이 태어난 곳을 청소하고, 태어난 지 20일 정도가 지나면 밖에 나가 꿀과 꽃가루를 수확해요. 그리고 로열 젤리를 만들어 애벌레들에게 먹여요. 조금 더 크면 배 마디에서 밀랍을 만들어 꿀벌 왕국을 짓는답니다.

집단생활을 하는 말벌은 꿀벌과 달리 매우 공격적이에요. 항상 싸울 준비가 되어 있죠.

> **알고 있나요?**
> 곤충의 침은 일부 사람들에게 위험한 알레르기 반응을 일으킬 수 있어요. 만약 벌목에 속하는 곤충에게 쏘였다면, 쏘인 부위를 절대 만지지 말고 주변 어른에게 알리세요!

말벌 중에서도 크기가 가장 큰 장수말벌은 독침의 길이가 6밀리미터에 이르며 꿀벌의 독보다 500배 강한 독을 가지고 있어요. 인간도 장수말벌에게 쏘이면 생명이 위험할 수 있죠. 말벌류는 보통 땅속이나 건물의 지붕 밑에 집을 지어요. 어둡고 사방이 막힌 공간을 좋아하기 때문이에요. 다행히도 혼자 살면서 오직 사냥할 때만 침을 사용하는 말벌종도 있답니다.

벌목(Hymenoptera)의 'Hymeno'는 반투명한 막을 의미해요. 막처럼 반투명한 날개를 가진 곤충을 벌목이라고 하죠. 그래서 과학자들은 침이 아닌 날개로 벌목을 분류해요. 일개미를 제외하고 대부분의 벌목 곤충은 2쌍의 날개를 가져요. 뒷날개 앞쪽에 작은 갈고리가 있는데, 이것이 앞날개와 연결되어 두 날개가 한번에 작동할 수 있게 해 줘요. 덕분에 벌목 곤충은 강하게 날아오를 수 있어요.

우리는 일반적으로 검은색과 노란색 줄무늬를 가진 꿀벌과 말벌을 자주 봐요. 하지만 벌들은 놀라울 정도로 다채로운 색을 가졌답니다. 어리호박벌은 보랏빛이 도는 검은색 날개를 가졌고 난초벌은 광택이 나는 초록색 몸을 가졌어요. 타란툴라호크말벌은 파란색 몸에 주황색 날개를 가졌어요. 애검은나나니벌은 빛을 받으면 아름답게 반짝이는 푸른빛 몸을 가졌죠.

재미있는 이야기를 해 줄게요! 2014년, 프랑스의 한 양봉가는 파란색과 초록색 꿀을 발견하고 충격을 받았어요. 벌들이 어떻게 이러한 색의 꿀을 만들 수 있었을까요? 벌들은 양봉장 근처에 있던 M&M's 공장에서 초콜릿 껍데기를 주워 먹었다고 해요. 여러 색의 초콜릿 염료가 꿀을 물들인 거죠!

꽃이 피는 식물이 있는 곳이라면 어디든 벌과 말벌의 서식지가 될 수 있어요. 대부분의 벌목 곤충은 따뜻한 기후를 좋아하지만 시원한 기후에 적응한 종도 많아요. 특히 꿀벌은 적정 온도인 섭씨 36도를 유지해야 해요. 이 온도가 넘어가면 벌집 속의 애벌레들이 죽기 때문이죠. 더운 여름이 되면 꿀벌은 날개를 펄럭이며 부채질을 해요. 이러한 동작으로 벌집의 온도를 낮추는 거예요. 추운 겨울에는 자신의 배를 눌러 열을 발산한답니다. 개미는 남극을 제외한 전 세계 모든 곳에서 발견할 수 있어요. 가장 큰 개미 군락은 주로 따뜻한 열대 지역에 있어요.

> **알고 있나요?**
> 과학자들은 고산 지대에 사는 벌이 에베레스트산 정상보다도 더 높이 날 수 있다는 사실을 발견했어요.

송곳벌
Horntail or Wood Wasp

학명 *Siricidae*

송곳벌은 사악하게 생긴 침을 가졌어요. 암컷은 알을 낳기 위해 침을 사용해 나무에 구멍을 뚫어요. 100여 종의 송곳벌은 인간에게는 무해할지 몰라도 나무에는 많은 피해를 줘요. 나무 속에서 태어난 송곳벌 애벌레는 나무를 갉아 먹은 후 톱밥과 똥을 남겨요.

곤충 생태 정보

발견 지역
북반구의 숲

몸길이
14mm 이상

색깔/특징
몸은 종마다 검은색, 짙은 파란색, 붉은색 등으로 다르며 복부 끝에는 침이 있어요. 수컷은 1개, 암컷은 2개를 가지고 있어요.

먹이
나무

수명
애벌레: 종에 따라 다르지만 최대 3년
어른벌레: 몇 달

꿀벌
Japanese Honeybee

학명 *Apis cerana japonica*

꿀벌의 천적은 말벌이에요. 말벌이 꿀벌의 벌집 안으로 들어가면 1분도 안 되는 시간에 꿀벌 40마리를 죽일 수 있어요. 꿀벌의 침은 거대한 덩치를 가진 말벌을 공격하기에는 너무 작아요. 그래서 꿀벌은 말벌을 퇴치하는 독특한 방법을 개발했어요. 말벌이 벌집에 침입하면 꿀벌들은 말벌을 공처럼 둘러싼 후 날개를 진동시켜 온도를 높여요. 뜨거운 열로 인해 말벌은 서서히 목숨을 잃게 돼요. 또한 꿀벌은 말벌의 공격을 피하기 위해 벌집 입구 근처에 동물의 똥을 바르기도 해요!

곤충 생태 정보

발견 지역
일본 전역과 아시아 지역

몸길이
약 12.7mm

색깔/특징
검은 머리와 가슴을 가졌으며 복부에 노란색과 검은색 줄무늬가 있어요.

먹이
꽃의 꿀, 꽃가루

수명
여왕벌: 2~3년
일벌: 약 6주

애검은나나니벌
Black-and-Yellow Mud Dauber (Dirt Dobber)

학명 *Sceliphron caementarium*

애검은나나니벌은 구멍벌과에 속하며 진흙으로 대포같이 생긴 집을 지어요. 이 종은 집단생활을 하지 않고 혼자 살지만 암컷 한 마리가 여러 벌집을 만들 수 있어요. 애검은나나니벌의 집은 15~20개의 방이 마치 하나의 덩어리처럼 뭉쳐져 있어요. 암컷만 침을 가지고 있으며 독성은 다른 말벌의 독에 비해 매우 약해요. 암컷 애검은나나니벌은 침을 사용해 거미를 포획한 후 마비시켜요. 그리고 각각의 방에 애벌레의 먹이가 될 거미 20~30마리를 넣어요. 그 위에 한 개의 알을 낳지요. 알에서 부화한 애벌레는 바로 거미를 먹어요.

곤충 생태 정보

발견 지역
전 세계에 분포하지만 미국과 멕시코에서 자주 발견돼요.

몸길이
25mm 이하

색깔/특징
검은색 몸에 노란색 줄무늬가 있으며 허리가 정말 가늘어요.

먹이
애벌레: 거미
어른벌레: 꽃의 꿀

수명
약 9개월

곤충들을 더 가까이

타란툴라호크말벌
Tarantula Hawk Wasp

학명 *Pepsis grossa*

타란툴라호크말벌은 타란툴라 거미의 천적이에요. 이 말벌은 전 세계에 걸쳐 타란툴라 거미의 서식지에서 발견돼요. 애검은나나니벌과 마찬가지로 암컷에게만 독침이 있으며, 독침의 길이는 7밀리미터에 달해요. 타란툴라호크의 독침은 '슈미트 통증 지수'의 최고 등급인 4단계예요. 이 고통은 마치 '활화산이 터져 흐르는 곳에 갇힌 것 같은 느낌'이라고 해요. 암컷 타란툴라호크는 독침으로 타란툴라 거미를 마비시켜 살아 있는 채로 벌집에 가져와요. 그리고 거미의 배에 구멍을 뚫고 그곳에 알을 낳죠. 부화한 애벌레는 거미 속에서 거미를 먹으며 자라요. 애벌레는 거미의 영양분을 충분히 얻기 위해 장기를 마지막으로 섭취해요.

곤충 생태 정보

발견 지역
전 세계적으로 인도부터 남서부 아시아, 아프리카, 유럽, 호주 등에서 발견돼요. 미국에서는 주로 남서부 사막에 서식해요.

몸길이
50mm

색깔/특징
몸은 푸른빛이 도는 검은색이며 날개는 밝은 적갈색이에요.

먹이
애벌레: 타란툴라 거미
어른벌레: 꽃의 꿀

수명
약 2개월

노린재목
육지와 물속을 점령한 곤충

우리는 거미, 지네, 전갈 등을 보고 '벌레'라고 하기도 해요. 하지만 곤충 학자들이 '진짜 벌레'라고 분류하는 것은 약 8만 종의 노린재목을 말해요. 노린재목(Hemiptera)은 그리스어로 '반쪽 날개'를 의미해요. 그래서 여기에 속하는 곤충들은 독특한 날개를 가지고 있어요. 앞날개는 딱정벌레의 날개처럼 단단하지만 끝부분으로 갈수록 투명해서 날개가 반만 있는 것처럼 보이죠. 노린재목의 가장 큰 특징은 큰턱과 작은턱이 변형되어 길쭉한 주둥이를 가지고 있다는 것이에요. 주둥이에는 두 개의 튜브가 있어요. 하나는 식물이나 동물의 조직에 침을 넣어 흐물흐물하게 녹여요. 다른 하나는 빨대처럼 액체를 빨아들이기 위해 사용해요.

노린재목에 속하는 곤충은 크기, 색상, 무늬가 정말 다양해요. 일부 종은 환경에 적응하기 위해 독특하게 진화했어요. 노린재목 물장군과에 속하는 막시무스물장군은 몸길이가 210밀리미터예요. 세계에서 가장 큰 물장군으로 남아메리카에서 서식하죠. 막시무스물장군은 덩치에 비해 짧은 앞다리를 사용해 먹이를 포획해요. 그리고 복부 끝에 있는 호흡관으로 스노클링 하듯이 호흡하며 물에서 먹이를 사냥해요. 수중 식물에 거꾸로 매달려 먹이가 지나가기를 기다리기도 해요. 물장군은 물고기, 새끼 오리, 개구리, 거북이, 뱀 등을 사냥할 만큼 강하답니다!

노린재목에 속하는 진딧물은 개미와 공생 관계를 맺으며 살아요. 이것은 서로에게 이익이 되는 거래를 하고 있다는 사실을 의미해요. 진딧물은 식물의 꿀보다 더 매력적인 감로를 엉덩이에서 내뿜어요. 감로에 매료된 개미는 진딧물을 지키는 경호원이 되죠. 개미는 진딧물의 알을 개미집으로 옮겨 겨울 동안 보살펴요. 개미는 달콤한 감로를 얻고 진딧물은 개미 덕분에 포식자들로부터 보호받기 때문에 모두가 행복하답니다.

진딧물은 식물의 즙액을 빨아 먹어요. 그래서 농부와 정원사는 진딧물을 해충으로 생각하죠. 그들은 해충을 없애기 위해 노린재목 곤충들을 활용하기도 해요. 예를 들어, 애꽃노린재는 진딧물, 잎진드기, 바구미 등과 같은 해충을 먹어 치우는 작은 포식자예요. 애꽃노린재가 특히 좋아하는 먹이는 총채벌레예요. 애꽃노린재는 종종 총채벌레 한두 마리를 긴 주둥이에 꽂고 돌아다니기도 한답니다!

노린재목에는 우리에게 친근한 소금쟁이도 속해 있어요. 소금쟁이는 주로 강이나 논에서 볼 수 있지만 바다에서 사는 소금쟁이도 있답니다. 바로 바다소금쟁이예요. 곤충은 지구상에서 가장 번성했지만 바다로 활동 범위를 넓히지는 못했어요. 바다는 포식자, 거친 파도, 태양의 직사광선 등 곤충에게 위험한 요소가 많기 때문이죠. 그렇다면 바다소금쟁이는 어떻게 바다에 적응했을까요? 바다소금쟁이는 일반 소금쟁이보다 몸집이 작으며 뛰어난 방수성과 민첩성을 가졌어요. 이밖에도 작은 몸을 활용해 천적이 들어가지 못하는 틈새에 숨거나 암벽의 그림자를 이용해 직사광선을 피해요. 바다소금쟁이는 비록 작고 힘이 약해도 자신의 강점을 활용하면서 힘차게 살아가고 있답니다!

> **알고 있나요?**
>
> 여러분 거품 목욕을 즐기는 곤충이 있어요! 바로 거품벌레예요. 거품벌레 애벌레는 식물의 줄기에서 나오는 수액을 이용해 거품을 만들어요. 이 거품은 마치 커다란 침방울처럼 보이죠. 애벌레는 거품 안에서 천적과 직사광선을 피해 자라요. 그리고 어른벌레가 되기 위해 탈피할 때는 몸을 감싼 거품을 터뜨려요.

17년 주기 매미
17-Year Cicada

학명 *Magicicada cassini*

매미의 수명은 종마다 달라요. 대부분 땅속에 있는 기간까지 합해서 5년, 7년, 13년, 17년의 소수 주기로 살아가요. 왜 이럴까요? 매미는 천적이 너무 많아서 천적의 주기와 최대한 떨어져야 하기 때문이에요. 우리나라 매미의 주기는 보통 5년이에요. 하지만 미국의 매미는 대부분 13년이나 17년이라는 긴 주기를 가져요. 17년 주기 매미는 땅속에서 애벌레로 17년을 보내요. 애벌레가 나무뿌리의 즙을 먹을 때 수액의 구성 성분으로 시간의 흐름에 대한 단서를 얻는다고 해요. 이를 통해 계절이 17번 바뀌는 것을 알아채고 땅 위에 등장하는 거예요. 정말 놀랍지 않나요? 시끄러운 매미의 울음소리는 짝짓기를 하기 위한 구애의 소리예요. 암컷 매미는 크고 강력하게 우는 수컷 매미에게 매력을 느껴요.

곤충 생태 정보

발견 지역
미국의 숲

몸길이
12~80mm

색깔/특징
몸은 검은색이며 주황색 날개와 다리를 가졌어요. 눈은 붉은색이에요.

먹이
애벌레: 나무뿌리에서 나오는 즙
어른벌레: 나무 수액

수명
애벌레: 17년
어른벌레: 5~6주

목화광대노린재
Hibiscus Harlequin Bug (Cotton Harlequin Bug)

학명 *Tectocoris diophthalmus*

목화광대노린재는 광대노린재과에 속해요. 광대노린재라는 이름은 마치 광대 옷을 입은 듯 생김새가 화려하고 강렬하다 하여 붙여졌어요. 암컷은 분홍색 원형 모양의 알을 150개 정도 낳아요. 목화광대노린재는 알을 천적으로부터 보호하기 위해 히비스커스 줄기로 감싸요.

곤충 생태 정보

발견 지역
오스트레일리아, 뉴기니, 태평양 제도의 해안

먹이
히비스커스 꽃과 목화의 수액

몸길이
127~254mm (수컷이 암컷보다 더 커요.)

수명
어른벌레: 3~4개월

색깔/특징
주황색 몸에 금속광택이 나는 파란색 반점이 있어요.

참나무뿔매미
Oak Treehopper

학명 *Platycotis vittata*

뿔매미는 매미 중에서도 가장 독특한 생김새를 자랑해요. 참나무뿔매미는 전 세계에 있는 3,000종 이상의 뿔매미 중 하나예요. 어떤 뿔매미는 끝부분이 뾰족하게 솟은 삼각형 머리를 가졌어요. 언뜻 보면 나무의 가시처럼 보여서 가시벌레라고도 해요. 특히 브라질뿔매미는 정말 괴상하게 생겼어요! 헬리콥터 날개처럼 머리 위에 공이 여러 개 달려 있거든요. 이것이 무엇에 쓰이는지는 아직 아무도 알아내지 못했어요.

곤충 생태 정보

발견 지역
캐나다와 브라질

먹이
참나무 수액

몸길이
약 127mm

수명
어른벌레: 3~4개월

색깔/특징
회색빛이 도는 청록색 몸에 검은색과 빨간색의 점박이 무늬가 있어요.

소금쟁이
Common Water Strider

학명 *Aquarius remigis*

소금쟁이는 평범한 벌레처럼 보이지만 사실 놀라운 초능력을 가지고 있어요. 물 위를 걸을 수 있거든요! 소금쟁이가 자유자재로 물 위를 걸을 수 있는 비결은 무엇일까요? 바로 소금쟁이의 무수한 다리털에 있어요. 소금쟁이의 다리털은 물에 젖지 않아요. 온몸에도 이런 털이 가득하죠. 소금쟁이는 다리털과 물의 표면 장력 덕분에 물에 뜰 수 있답니다. 그리고 긴 중간 다리와 뒷다리를 사용해 노를 저으며 앞으로 쌩쌩 미끄러지듯 나아가요. 소금쟁이는 1초에 자신의 몸길이의 100배 정도 거리를 이동할 수 있어요. 사람으로 치면, 키가 1.8미터인 사람이 1초에 180미터 거리를 수영하는 것과 같아요.

곤충 생태 정보

발견 지역
전 세계의 연못, 호수, 개울

먹이
장구벌레와 다른 곤충

몸길이
11~16mm

수명
어른벌레: 최대 1년

색깔/특징
짙은 갈색 또는 검은색 몸에 은백색 줄무늬가 있어요.

어린이 과학자 활동을 해 봐요

소금쟁이가 물에 뜨는 원리를 더 자세히 알고 싶나요? 그렇다면 아래의 어린이 과학자 활동을 해 봐요!

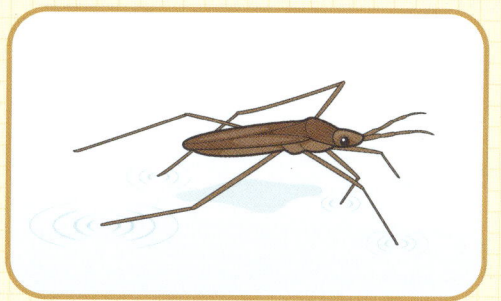

활동에 필요한 것
작은 유리잔이나 그릇
물
클립

실험하기
1. 작은 유리잔이나 그릇에 물을 채우세요.
2. 조심스럽게 클립을 넣어 물 위에 띄워 보세요.

어떤 원리일까요?
물의 알갱이들은 서로 끌어당기는 힘을 가지고 있어요. 서로 끌어당겨서 작은 표면을 만들려고 하는데 이때 서로 끌어당기는 힘을 **표면 장력**이라고 해요. 그렇다면 소금쟁이가 물 위에 뜰 수 있는 이유는 무엇일까요? 소금쟁이는 긴 다리를 최대한 벌려 물과 다리의 접촉 면적을 넓게 해요. 이렇게 하면 물의 표면 장력이 소금쟁이를 받쳐 주기 때문에 소금쟁이는 물에 뜰 수 있어요. 표면 장력의 힘을 이용하는 소금쟁이는 정말 영리한 곤충이에요!

이렇게도 해 봐요
표면 장력을 이용한 재미있는 활동을 알려 줄게요! 스포이트를 사용해 물을 한 방울씩 동전 위에 떨어뜨리세요. 물이 동전 밖으로 흘러 넘치기 전까지 여러분은 총 몇 방울을 떨어뜨렸나요?

메뚜기목
울고, 뛰고, 날아다니는 곤충

만약 여러분이 메뚜기처럼 놀라운 점프 능력을 가진다면 어떨까요? 아마 웬만한 도로는 한 번의 점프로 건널 수 있을 거예요! 메뚜기, 귀뚜라미, 여치 같은 메뚜기목 곤충은 자기 몸의 몇 배에서 몇 십 배의 높이를 가뿐히 뛰어넘을 수 있어요. 점프의 비결은 뒷다리에 있어요. 뒷다리의 넓적다리 마디와 종아리 마디 사이를 연결하는 탄탄한 근육에 에너지가 저장되었다가 한꺼번에 분출되어 폭발적인 힘을 내는 거예요.

메뚜기목은 약 2만 여종의 곤충들이 속해 있으며, 북극과 남극을 제외한 전 세계에 분포하고 있어요. 메뚜기목(Orthoptera)은 그리스어로 '곧은 날개'를 의미해요. 두텁날개라고 불리는 가죽으로 된 앞날개는 바로 아래에 있는 부드러운 뒷날개를 보호해요. 메뚜기목 곤충은 날고, 뛰고, 기는 전략을 이용해 포식자들로부터 달아나요.

여름이 오면 메뚜기와 귀뚜라미는 독특한 울음소리를 내요. 메뚜기는 주로 낮에 활동하면서 다리나 날개를 떨며 울어요. 반면, 밤에 활동하는 귀뚜라미는 날개를 세우고 비벼서 울음소리를 내요. 메뚜기는 초식성이라 식물을 섭취해요. 귀뚜라미는 잡식성으로 죽은 동물, 애벌레, 낙엽, 과일 등 무엇이든 다 잘 먹어요.

물론 뛰거나 날 수 없는 종도 있어요. 바로 뉴질랜드에 서식하는 자이언트웨타예요. 자이언트웨타는 세계에서 가장 무거운 곤충이에요. 크기도 매우 커서 다리를 쫙 피면 몸길이가 무려 17센티미터에 달해요.

여치는 귀뚜라미처럼 날개를 비벼 '찌르르' 하는 울음소리를 내요. 대부분 야행성인 여치는 종마다 특이한 울음소리를 내어 서로를 인식해요. 여치는 날개가 짧고 몸은 통통하지만 긴 다리를 가지고 있어요. 여치의 몸길이는 보통 33~40밀리미터예요. 하지만 거대한 종은 15센티미터가 넘기도 해요.

지구상 어느 곳이든 메뚜기는 살고 있어요. 하지만 최근 세계 곳곳에서 농작물에 피해를 주는 메뚜기 떼가 출몰하고 있어요. 우리나라에서는 이러한 메뚜기종을 '풀무치' 또는 '황충'이라고 불러요. 역사상 가장 거대했던 메뚜기 떼는 미국에서 발견되었어요. 1875년, 셀 수 없을 정도로 많은 로키산 메뚜기 떼가 미국 중서부의 대평원으로 몰려들었어요. 소설 <초원의 집>의 작가 로라 잉걸스 와이더는 메뚜기 떼가 농장에 들이닥쳤던 상황을 이렇게 묘사했어요.

"신경을 자극하는 날갯짓 소리가 온 하늘을 가득 메우고 메뚜기 떼는 우박 소리를 내면서 땅과 집을 덮쳤다."

예고도 없이 들이닥친 로키산 메뚜기 떼는 소리 없이 사라졌어요. 1902년, 캐나다 남부에서 마지막으로 목격된 후 멸종되었거든요. 과학자들은 로키산 메뚜기 떼의 멸종에 관해 아직 정확히 밝혀내지 못했어요.

메뚜기와 귀뚜라미는 단백질이 풍부해 사람과 동물에게 좋은 먹이가 돼요. 또한 중국에서는 귀뚜라미가 행운과 부활을 상징해요. 여름이 오면 다양한 메뚜기목 곤충들의 노래를 듣게 될 거예요!

> **알고 있나요?**
> 고대 중국 사람들은 귀뚜라미를 애완용으로 기르기도 했어요. 조롱박을 깎아서 예쁜 모양을 만들고 여기에 귀뚜라미를 넣어서 키웠어요. 이 박을 '귀뚜라미 조롱박'이라고 불렀다고 해요.

곤충들을 더 가까이

집 귀뚜라미
House Cricket

학명 *Acheta domesticus*

더운 여름날 어떤 곤충의 노랫소리가 들린다면, 그것은 아마 귀뚜라미일 거예요. 귀뚜라미는 물고기 미끼와 반려동물의 먹이로 사용하기 위해 사육되었어요. 오늘날에는 주로 식용으로 사용하기 위해 사육되고 있죠. 귀뚜라미는 우유보다 칼슘이 많고 시금치보다 철분이 많아요. 또한 콩보다 섬유질이 많고 생선보다 지방이 적어요. 그래서 미래의 식량 자원으로도 주목받고 있어요!

곤충 생태 정보

발견 지역
남극을 제외한 전 세계의 들판, 숲, 주택 주변

몸길이
25mm 미만

색깔/특징
몸은 진한 흑갈색이며 머리가 둥글고 광택이 나요.

먹이
집 내부: 의류 및 기타 직물
밖: 곰팡이, 식물, 죽은 동물, 다른 귀뚜라미를 포함한 곤충

수명
어른벌레: 2~3개월

라이히하르트메뚜기
Leichhardt's Grasshopper

학명 *Petasida ephippigera*

마치 화려한 의상을 입은 듯한 이 멋진 메뚜기의 이름은 호주의 탐험가 루트비히 라이히하르트의 이름을 따서 지어졌어요. 라이히하르트메뚜기는 호주의 박하과 식물인 피트로디아 덤불만 먹고, 평생 한 그루의 덤불에서 지내요. 암컷은 덤불 바닥에 알을 낳아요. 알에서 부화한 애벌레들은 서서히 덤불 줄기로 올라와요. 라이히하르트메뚜기는 날개가 있지만 덤불 주위를 벗어나지 않아요. 또한 호주의 폭풍이 시작되면 나타나기 때문에 원주민들은 이 메뚜기를 '번개의 아이들'이라고 불러요.

곤충 생태 정보

발견 지역
호주 북부의 열대림

몸길이
암컷: 최대 56mm
수컷: 최대 35mm

색깔/특징
몸은 주황색이며 밝은 파란색과 빨간색의 무늬가 있어요.

먹이
피트로디아 덤불

수명
어른벌레: 약 5개월

긴둥근꼴날개베짱이
Oblong-Winged Katydid

학명 *Amblycorypha oblongifolia*

긴둥근꼴날개베짱이는 길고 네모난 모양의 날개를 가진 여칫과 곤충이에요. 이 종은 녹색, 황갈색, 분홍색, 주황색 등 색상이 다양해요. 이렇게 다채로운 색을 띠는 이유는 유전적인 영향이 크다고 해요. 긴둥근꼴날개베짱이의 몸 색상은 태어날 때부터 정해지고 평생 변하지 않아요. 하지만 이렇게 두드러지는 몸 색상은 오히려 포식자에게 잘 보여 쉽게 잡아먹힐 수 있어요. 그래서 미국 뉴올리언스주에 있는 오듀본 자연 연구소에서는 긴둥근꼴날개베짱이 개체 수를 보호하기 위해 노력하고 있어요. 곤충 학자들은 매년 수천 개의 알을 부화시키며 건강하게 사육한답니다.

곤충 생태 정보

발견 지역
미국 동부의 잡초가 무성한 지역

몸길이
35~50mm

색깔/특징
몸 색상은 녹색이 가장 흔하지만 드물게 분홍색과 황갈색도 있어요. 주황색의 경우 발견하기 정말 어려워요.

먹이
보통 식물의 잎을 먹지만 과일, 꽃가루, 꽃의 꿀, 작은 곤충도 먹어요.

수명
어른벌레: 4~6개월

긴꼬리귀뚜라미
Snowy Tree Cricket

학명 *Oecanthus fultoni*

긴꼬리귀뚜라미는 몸이 하얗고 투명한 편이라 영어권에서는 '스노위크리켓(Snowy criket)'이라고 불러요. 또한 땅속이 아닌 식물이나 나뭇잎 위에서 생활해서 '트리크리켓(Tree cricket)'이라고 해요. 긴꼬리귀뚜라미의 울음소리에는 정말 신기한 법칙이 있어요! 1897년, 미국의 물리학자 아모스 돌베어는 귀뚜라미의 울음소리가 그날의 기온에 따라 박자가 달라진다는 것을 발견했어요. 귀뚜라미는 높은 온도에서는 빠르게 울지만 온도가 내려가면 점점 느리게 울어요. 그래서 13초 동안 귀뚜라미가 운 횟수에 40을 더하면 화씨 온도(℉)를 알 수 있어요. 당시 돌베어가 관찰한 귀뚜라미는 미국에 서식하는 긴꼬리귀뚜라미였어요. 우리나라에도 비슷한 종류가 살고 있답니다.

곤충 생태 정보

발견 지역
미국 전역에 있는 나무, 관목, 덩굴

먹이
열매의 잎과 사과나 복숭아 같은 과일

몸길이
10~15mm

수명
어른벌레: 약 4개월

색깔/특징
하얗고 투명한 몸에 연한 녹색 날개가 있어요.

풀잠자리목

그물처럼 생긴 날개를 가진 곤충

풀잠자리목은 극지방을 제외한 전 세계에 분포하며 약 5,500종이 있어요. 풀잠자리목은 이름에 잠자리가 들어가지만 잠자리목과는 다른 별개의 목으로 분류해요. 잠자리목은 불완전 탈바꿈을 하는 반면, 풀잠자리목은 완전 탈바꿈을 하죠. 즉 풀잠자리목은 잠자리목과 전혀 다른 생태를 가졌지만, 생긴 모양 때문에 잠자리라고 하는 거예요. 뿔잠자리와 사마귀붙이를 포함한 풀잠자리목 곤충은 다른 곤충 집단과 공통점이 많아요.

- 잠자리와 마찬가지로 크기와 모양이 같은 두 쌍의 날개를 가지고 있어요.
- 휴식을 취할 때는 나비처럼 날개를 접어 수직으로 세워요.
- 풀잠자리목 곤충의 애벌레는 나방처럼 비단 고치를 만들어요. 지구상 모든 생물 중 항문에서 비단실을 뽑아내는 종은 풀잠자리목이 유일해요!
- 딱정벌레처럼 단단하고 강한 큰턱을 가지고 있어요.

그렇다면 차이점도 알아볼까요? 풀잠자리목 곤충은 다른 곤충과 다르게 그물처럼 생긴 날개를 가지고 있어요. 풀잠자리목(Neuroptera)은 그리스어로 미세한 날개맥(시맥)이 복잡하게 얽혀 있다는 뜻이에요. 시맥이란 실핏줄처럼 날개에 있는 맥을 말해요. 날개맥은 종마다 다르며 칠성풀잠자리의 경우 레이스 천 같은 날개맥을 가지고 있어요. 만약 여러분이 그물처럼 생긴 날개와 길고 가는 곤봉 모양 더듬이를 가진 곤충을 보았다면 어떨 것 같나요? 너무 놀라지는 마세요! 여러분은 운 좋게도 노랑뿔잠자리를 만난 거예요. 노랑뿔잠자리는 풀잠자리목 곤충이에요. 예쁜 노란색 날개에 뿔처럼 긴 더듬이를 가지고 있죠. 날개에는 미세한 날개맥이 복잡하게 얽혀 있어요. 이런 생김새 때문에 노랑뿔잠자리라는 이름을 얻은 거예요!

풀잠자리목 곤충의 애벌레는 두 개의 고치를 만들어요. 느슨하게 짜인 고치를 먼저 만들고 그 안에 단단하게 짜인 고치를 만들죠. 풀잠자리는 풀잎 아래에 알을 낳아요. 알에서 부화한 애벌레는 길쭉한 타원형 몸매에 아주 긴 턱을 가지고 있어요. 꽃이나 풀잎 위를 돌아다니며 진딧물이나 작은 곤충을 잡아먹어요. 주변의 나뭇가지 부스러기와 곤충의 사체 등을 자신의 몸에 붙여 위장하기도 해요. 농부들은 진딧물로부터 농작물을 보호하기 위해 풀잠자리 애벌레의 도움을 받아요. 풀잠자리 애벌레는 진딧물의 천적이기 때문이죠. 말벌사마귀붙이 애벌레는 무당거미의 알 주머니 안에 침입해 거미 알을 잡아먹어요. 애벌레는 추위를 막아 주는 알 주머니에서 겨울을 나고, 번데기가 되었다가 봄에 어른벌레로 탈바꿈해요. 명주잠자리 애벌레는 여러분이 잘 아는 개미귀신이 되지요. 사실 개미귀신은 곤충 세계의 명배우예요! 개미귀신이 새로운 사냥터를 찾기 위해 굴 밖으로 나오면 천적의 공격에 취약해져요. 이때 공격을 받은 개미귀신은 운에 모든 것을 맡기고 최후의 수단으로 죽은 척 연기를 해요. 움직이지 않고 가만히 있는 정도 아니라 아예 배를 뒤집고 진짜 죽은 것처럼 혼신의 연기를 펼친답니다.

풀잠자리목은 나무나 식물의 잎에 서식해요. 어떤 종의 애벌레는 땅속에 숨어 있기도 하고 나무껍질에 살기도 하죠. 자, 그럼 이제 다양한 매력을 가진 풀잠자리목 곤충들을 만나 봅시다!

알고 있나요?
풀잠자리의 날개 밑부분에는 고음을 들을 수 있는 특별한 고막 기관이 있어요.

개미귀신
Ant Lion

학명 *Myrmeleon*

명주잠자리의 애벌레인 개미귀신은 무섭고 교활한 포식자예요. 개미귀신은 괜찮은 모래밭을 골라 깔때기 모양이나 절구통 모양으로 함정을 만들어요. 이 함정이 바로 개미지옥이에요! 개미귀신은 개미지옥 아래에서 큰턱을 벌린 채 숨어 있어요. 개미와 다른 곤충이 개미지옥에 빠져 허둥대면 모래를 뿌려 미끄러뜨려요. 그리고 개미귀신은 날카로운 주둥이를 사용해 개미의 체액을 빨아 먹는답니다.

곤충 생태 정보

발견 지역
전 세계의 건조하고 따뜻한 지역

몸길이
15~20mm

색깔/특징
몸은 타원형이며 날카로운 큰턱을 가지고 있어요.

먹이
개미귀신: 거의 개미
명주잠자리(어른벌레): 꽃의 꿀, 꽃가루, 곤충

수명
1~2년

어리줄풀잠자리
Common Green Lacewing

학명 *Chrysoperla carnea*

풀잠자리는 풀잠자리목 곤충의 절반 이상을 차지해요. 그만큼 다양한 크기와 생김새를 가진 풀잠자리가 많아요. 몸길이 2밀리미터의 아주 작은 가루풀잠자리부터 날개폭만 15센티미터인 거대한 열대 풀잠자리종까지 다양하죠. 풀잠자리 애벌레는 나뭇잎, 모래, 곤충의 껍질 등 여러 가지 물건을 등에 짊어지고 다녀요. 그래서 '고물 벌레'라는 별명을 가지고 있어요.

곤충 생태 정보

발견 지역
북반구의 풀과 관목

몸길이
애벌레: 약 6.3mm
어른벌레: 12~44mm

색깔/특징
투명한 초록색 날개와 황금색 눈을 가지고 있어요.

먹이
애벌레: 진딧물과 다른 해충
어른벌레: 꽃의 꿀, 꽃가루, 감로

수명
애벌레: 2~3주
어른벌레: 4~6주

마카로니어스뿔잠자리
Macaronius Owlfly

학명 *Libelloides macaronius*

잠자리 같은 날개, 나비처럼 긴 곤봉 더듬이, 나방처럼 보송보송한 털로 덮인 몸을 가진 곤충은 무엇일까요? 바로 뿔잠자리예요! 뿔잠자리 중에서도 마카로니어스뿔잠자리는 노란색의 예쁜 날개를 가지고 있어요. 우리나라에 서식하는 노랑뿔잠자리(학명: *Ascalaphus sibiricus*)와 많이 닮았답니다. 뿔잠자리는 비행을 하면서 먹이를 사냥할 수 있어요.

뿔잠자리 애벌레는 개미귀신과 비슷하게 생겼지만, 모래나 땅속이 아닌 마른 나뭇잎과 나무속에 숨어 지내요.

곤충 생태 정보

발견 지역
유럽의 초원 및 소나무 숲

먹이
곤충

몸길이
어른벌레: 25~38mm

수명
대략 3~4개월 정도

색깔/특징
몸 전체는 검은색 털로 덮여 있고 날개는 노란색이에요. 곤봉 같은 더듬이와 큰 눈을 가지고 있어요.

말벌사마귀붙이
Wasp Mantidfly

학명 *Climaciella brunnea*

말벌사마귀붙이는 말벌과 사마귀를 반반씩 합쳐 놓은 섬뜩한 외모의 소유자예요. 사마귀의 역삼각형 얼굴과 갈고리 같은 앞발, 말벌의 얼룩무늬 몸통과 반투명한 날개를 갖고 있죠. 말벌사마귀붙이는 비행 능력이 뛰어나서 위협을 느끼면 금세 달아나요. 또한 갈고리 같은 앞발로 여러 작은 곤충을 사냥해서 잡아먹는답니다. 말벌사마귀붙이 애벌레는 무당거미의 알 주머니 안에 침입해 거미 알을 잡아먹으며 기생해요. 비록 생김새가 낯설고 무시무시해 보이지만 말벌사마귀붙이는 침을 갖고 있지 않아요. 인간에게 해로운 곤충이 아니에요!

곤충 생태 정보

발견 지역
북아메리카, 멕시코, 중앙아메리카의 들판과 목초지

몸길이
어른벌레: 약 25.4mm

색깔/특징
역삼각형 머리와 갈고리 같은 앞발을 가지고 있어요. 몸통은 노란색 바탕에 검정 줄무늬가 있어요.

먹이
애벌레: 거미 알(특히 무당거미, 늑대거미의 알)
어른벌레: 곤충, 꽃의 꿀, 나무 수액

수명
늦봄부터 여름까지 3~4개월

흥미로운 이야기

풀잠자리와 노린재는 서로 다른 목에 속하지만 한 가지 공통점을 가지고 있어요. 그들은 위협을 느끼면 고약한 냄새를 뿜어내요! 풀잠자리와 노린재는 왜 이러한 냄새가 나는 걸까요? 그 이유를 알아봐요!

여러분이 보고, 먹고, 만지는 모든 것은 원소라고 불리는 물질로 이루어져 있어요. 여러분의 몸에도 산소, 탄소, 수소 그리고 약 20개의 다른 원소들이 포함되어 있죠. 이러한 원소들이 결합될 때 냄새가 발생해요. 곤충도 이러한 원리로 냄새를 내뿜는 거예요. 곤충은 동료들과 의사소통을 하기 위해 냄새를 사용하기도 해요.

노린재는 냄새를 뿜어내며 메시지를 보내요. "이봐! 내가 방금 살기 좋은 곳을 찾았어!" 이때 냄새를 심하게 풍길수록 동료들이 더 많이 나타난답니다.

곤충은 저마다 특이한 냄새가 나요. 소나무허리노린재는 테레빈유가 섞인 솔잎 향이 나며, 바퀴벌레는 기름 냄새가 나요. 물론 좋은 냄새를 풍기는 곤충도 있어요. 제독나비는 시원하고 상쾌한 노루발풀 향이 나요. 민냄새개미는 페로몬에서 레몬과 유사한 향이 나죠. 그리고 꿀벌이 위험 경고를 보낼 때는 바나나 향이 난다고 해요!

더 알아보기

책

《정브르가 알려주는 곤충 체험 백과》
정브르 지음

이 책은 숲의 제왕 장수풍뎅이와 사슴벌레, 알록달록 색이 화려한 타란툴라, 사냥의 명수 전갈, 다리 부자 지네와 노래기까지! 신기한 곤충과 절지동물 친구들을 소개해요. 곤충·절지동물의 한살이부터 다양한 생물을 볼 수 있는 도감은 물론 집에서 키울 때 필요한 사육 도구와 먹이 종류를 알려 줘요. 곤충을 잘 키우고 싶은 어린이에게 많은 도움을 줄 거예요.

《봄·여름·가을·겨울 곤충도감》
한영식 지음

우리나라에 사는 곤충 568종의 다양한 모습을 생생한 사진으로 담고, 자세한 설명을 더한 책이에요. 여러분이 발견한 곤충의 생김새와 먹이, 행동을 살펴보고 이름도 붙이면서 곤충 공부에 흥미를 느끼고 생명의 소중함도 체험할 수 있어요.

《이토록 멋진 곤충》
안네 스베르드루프 튀게손 지음

이 책은 적절한 비유와 이야기로 쉽고 재미있게 곤충의 삶을 설명해요. 한 번도 본 적 없는, 이름도 생소한 곤충이 아니라 여러분이 밖에서 쉽게 만나는 곤충 약 50종을 다뤄요. 매미, 개미, 바퀴벌레, 모기, 하루살이, 꿀벌 등 친숙한 곤충들의 삶을 더 자세히 배울 수 있어요.

《의외로 친해지고 싶은 곤충 도감》
누마가사 와타리 지음

곤충을 좋아하는 친구들과 싫어하는 친구들 모두 재미있게 볼 수 있는 책이에요. 친근하고, 신기하고, 경이롭고, 장엄한 곤충 지식이 가득해요. 귀엽게 묘사한 일러스트 덕분에 곤충과 더 친해질 수 있답니다.

웹사이트

Holoce.net
홀로세 생태학교는 곤충과 식물의 생태를 소개하고 생태적 관점에서 자연과 동물에 관해 배울 수 있는 웹사이트예요. 멸종 위기 곤충과 곤충 생물 다양성에 대해 알 수 있으며, 홀로세 생태학교 프로그램에 참여할 수도 있어요.

Pestworldforkids.org
사이트에 접속해 보세요. 곤충에 관해 재미있게 배울 수 있는 게임과 영상이 가득해요. 여러분은 매력적인 곤충 세계로 빠져들게 될 거예요.

Insectlore.com
곤충 로어는 나비를 위한 정원과 개미집 같은 곤충 키트를 만드는 회사예요. 사이트에 접속하면 다양한 곤충 키트를 볼 수 있어요. 곤충 키트는 곤충의 한살이 과정을 자세히 관찰할 수 있도록 해 줘요. 곤충 키트는 Amazon.com 또는 다양한 온라인 구매처에서도 구입할 수 있답니다.

Mealwormsadventuring.weebly.com/experiments
과학 실험을 통해 밀웜의 행동 변화를 관찰할 수 있어요.

Youtu.be/2p5-NAWE5Lk
꿀벌에 관한 멋진 유튜브 비디오를 추천할게요! Youtube.com을 방문하여 〈What's the Waggle Dance?〉라는 제목을 검색해 보세요. 꿀벌의 멋진 춤을 감상할 수 있어요.

용어 풀이

갑각류
바닷가재, 게, 새우와 같이 대부분의 시간을 물에서 보내는 절지동물.

고치
완전 탈바꿈을 하는 곤충의 애벌레가 번데기로 변할 때 자신의 분비물로 만든 껍질 모양 또는 자루 모양의 집.
* 나방, 벼룩 등 많은 곤충이 번데기 단계 때 자신을 보호하기 위해 고치를 만들어요.

곤충 학자
곤충을 연구하는 과학자.

공생
종이 다른 생물이 서로 이익을 주고받는 것.

군락
함께 사는 단일 종의 집단 또는 공동체.
* 어떤 흰개미종은 최대 백만 마리 이상의 군락 규모를 형성해요.

렌즈
이미지를 형성하기 위해 빛을 집중시키는 눈의 선명한 부분.

무척추동물
등뼈가 없는 동물.
* 곤충, 벌레, 해파리는 무척추동물이에요.

번데기
애벌레가 어른벌레가 되는 과정 중에 완전한 변형을 겪는 곤충의 성인기.

탈바꿈(변태)
곤충이 알에서 어른벌레로 발달하기 위해 겪는 과정.

분류법
동물이나 식물과 같은 생물들이 공통적으로 가지고 있는 특성을 사용하여 그룹화 하는 과학적 시스템.

분해 생물
죽은 동식물을 분해하는 유기체.

한살이
곤충이 알, 애벌레, 번데기, 어른벌레로 바뀌면서 자라는 과정.

생태계
서로 다른 생물들의 집단.
* 여기서 생물들은 주변 환경과 상호 작용을 합니다.

수분
새로운 씨앗이 형성될 수 있도록 꽃가루가 한 식물에서 다른 식물로 이동하는 현상.
* 세계 식량 작물의 3분의 1 이상이 꿀벌과 다른 곤충들로 인해 수분돼요.

알집
바퀴벌레, 사마귀 같은 곤충들이 알을 보관하는 곳.
* 거품으로 만들어진 후 단단한 껍질로 굳어져요.

외골격
곤충과 다른 동물들의 딱딱한 겉껍질.
* 곤충, 거미, 게는 뼈 대신 외골격을 가지고 있어요.

이주
계절에 따라 한 곳에서 다른 곳으로 옮겨 가는 것.

적응
동물이나 식물이 물리적 또는 행동적으로 변화하여 주어진 환경에 더 잘 맞게 진화하는 과정.
* 이주와 위장은 동물 적응의 한 유형이에요.

절지동물
외골격, 부분과 부분으로 이루어진 몸, 관절이 있는 다리를 가진 동물.
* 지구에 존재하는 동물의 약 80퍼센트가 절지동물에 속해요.

종
생물을 분류하는 기초 단위.

주둥이
곤충이 가진 튜브 모양의 긴 입 부분.

키틴질
곤충의 외골격을 만드는 재료.

탈피
성장하기 위해 오래된 외부 껍질을 벗겨 내는 것.

* 메뚜기는 알, 애벌레, 어른벌레로 자라는 불완전 탈바꿈을 해요. 애벌레는 어른벌레가 되기 전에 5~6번 탈피해요.

페로몬
동물이 다른 동물 또는 같은 종의 동물과 소통하기 위해 만드는 화학 물질.

* 말벌은 다른 말벌과 의사소통하기 위해 페로몬을 만들기도 해요.

포식자
다른 동물을 죽이고 먹는 동물.

큰턱
곤충이 무언가를 씹을 때 사용하는 날카로운 아래턱뼈.

찾아보기

숫자

17년 주기 매미 69
8자 춤 29

ㄱ

개미 11, 22, 31, 61, 62, 67, 82
개미귀신 18, 82
거품벌레 68
검정파리 57
고치 47, 80
곤충 학자 9
공생 관계 67
군락 28, 30, 31, 61
귀뚜라미 18, 74, 75
긴꼬리귀뚜라미 79
긴꼬리산누에나방 52
긴둥근꼴날개베짱이 38, 78
깔따구 34, 55
깨알벌레 40
꼬리박각시 51
꿀벌 16, 61, 64

ㄴ

나노셀라 균류 10
나미브사막풍뎅이 40
나방 7, 18, 22, 46~48, 80, 84
나비 16, 22, 26, 34, 36, 37, 46~49, 53, 80, 84
날개 16, 18, 23, 40, 46, 50~53, 61, 67, 74, 80, 81, 84
냄새 26, 28, 32, 46, 57, 86
노랑뿔잠자리 84
노린재 67, 86
누에나방 26, 32
약충 22, 23

ㄷ

더듬이 16, 41, 42, 45~47, 80, 84
딱정벌레 7, 10, 15, 18, 22, 26, 35, 39~41, 43, 46, 67, 80

ㄹ

라이히하르트메뚜기 77
레기우스골리앗왕꽃무지 8, 44
루나나방 52

ㅁ

마카로니어스뿔잠자리 84
막시무스물장군 67
말벌 18, 26, 33, 61, 62, 64~66
말벌사마귀붙이 18, 85
매미 18, 29, 30, 69, 71
메가네우라 11

메뚜기 18, 22, 33, 74, 75, 77
모기 16, 19, 22, 26, 34, 36, 54, 55, 58, 60
목화광대노린재 70
목화바구미 40
무당벌레 15, 36, 40, 41
무지개소똥구리 45
무척추동물 15, 16, 43
물맴이 43
민냄새개미 86

ㅂ

바다소금쟁이 68
바퀴벌레 11, 16, 22, 27, 31, 86
박각시나방 48, 49
반딧불이 7, 26, 27, 29, 40
방아벌레 29
번식 10, 26, 34
분류법 14
불완전 탈바꿈 22, 23, 80
뿔잠자리 80, 84

ㅅ

사마귀 27, 35, 85
생태계 10, 34, 55
서식지 10, 11, 18, 30, 41, 45, 54, 58, 62, 66
소금쟁이 68, 72, 73
소나무좀 40

소나무허리노린재 86
소똥구리 30, 40, 45
송곳벌 63
신도셀라 무사와센시스 10

ㅇ

애검은나나니벌 62, 65
애꽃노린재 67
애벌레 22, 25, 42, 51~53, 55, 57, 63, 65, 66, 69, 74, 82, 83, 85
어리줄풀잠자리 83
어리호박벌 62
여치 74, 78
완전 탈바꿈 22, 46, 80
외골격 15, 16, 18, 46
의사소통 26, 28, 86
이사벨라불나방 24
일벌 61, 64

ㅈ

자루눈파리 59
자이언트웨타 74
잠자리 11, 17, 18, 22, 23, 80, 81, 84
장수풍뎅이 41
전갈파리 27
제독나비 86
제왕나비 46, 53
주둥이 16, 17, 48, 49, 52, 54, 55, 60, 67, 82

줄무늬말파리 60
진딧물 35, 55, 67, 80, 81, 83
집 귀뚜라미 76

ㅊ
참나무뿔매미 71
초파리 56
총채벌레 67
칠성무당벌레 14, 15

ㅋ
크로우나비 50
큰턱 16, 17, 67, 80, 82
키틴질 16, 18, 40, 46

ㅌ
타란툴라호크말벌 62, 66
타이탄딱정벌레 40

ㅍ
파리 10, 11, 18, 19, 22, 34, 54, 55
팔랑나비 47
페로몬 26, 28, 86
포식자 11, 26, 29, 31, 35, 41~43, 59, 67, 68, 74, 78, 82
폭탄먼지벌레 42
표면 장력 72, 73
풀잠자리 18, 35, 80, 81, 83, 86
풍선파리 27

ㅎ
혈림프 16, 46
호주길앞잡이 41

루나나방

옮긴이 이은경

광운대학교 영문학과를 졸업하였으며, 저작권에이전시에서 에이전트로 근무하였다. 현재 번역에이전시 엔터스코리아에서 출판 기획 및 전문 번역가로 활동하고 있다. 주요 역서로는《자연과 친해지는 법을 찾아서》,《원자에서 우주까지 과학 수업 시간입니다》,《우주에서 바닷속까지 똑똑한 모험책》,《멘사퍼즐 두뇌게임》,《청소년을 위한 극탐험 이야기》등 다수가 있다.

곤충 관찰 백과
작아서 귀엽기만 하지 않아! 알고 보면 놀라운 곤충 이야기

1판 1쇄 펴낸 날 2023년 4월 12일
1판 2쇄 펴낸 날 2024년 6월 10일

지은이 샤먼 존스턴 박사
옮긴이 이은경

펴낸이 박윤태
펴낸곳 보누스
등록 2001년 8월 17일 제313-2002-179호
주소 서울시 마포구 동교로12안길 31 보누스 4층
전화 02-333-3114
팩스 02-3143-3254
이메일 viking@bonusbook.co.kr
블로그 http://blog.naver.com/vikingbook

ISBN 978-89-6494-608-4 73490

바이킹은 보누스출판사의 어린이책 브랜드입니다.

• 책값은 뒤표지에 있습니다.